"国家文化记忆和传承"
中国的世界遗产记录传播项目

WEST LAKE
CULTURAL LANDSCAPE
OF HANGZHOU

杭州西湖文化景观

杭州西湖风景名胜区管理委员会　编著

人民出版社

专家委员会

（按姓氏笔画排序）

吕　舟　吕　植　庄优波　李江海　李迪强　杨　锐
肖时珍　宋　峰　陈同滨　陈耀华　郑　军　姜　波
郭　伟　韩　锋

编写组

（按姓氏笔画排序）

主　编

孙国方

编　委

王晓斌　刘春蕙　杨婷婷　吴　涛　吴　晶　吴潇琳

何　蕾　余洪峰　陈云飞　陈　林　夏　攀　倪志华

徐吉军　盛洁桦　舒国梅　潘沧桑　霍　奕

文字统筹

吴潇琳　夏　攀

总 序

正如一棵老树的年轮留下了它成长、生活的所有记录一样，我们生活的地球、我们人类发展到今天，也留下了无数独特的自然遗迹和文化遗存，他们一方面勾勒出苍茫星球和人类文明一路走来的蹒跚足迹，另一方面也揭示了大千世界普遍发展规律从而照亮人类前行方向。他们是历史的见证者，更是未来的指引者，因而对全人类具有极其重要的意义。

1972年，联合国教科文组织颁布了《保护世界文化和自然遗产公约》（以下简称《世界遗产公约》）,以共同保护全人类共有的、珍贵的自然和文化遗产。五十年来，世界遗产不仅是一种保护称号，更是作为一种保护、传承、教育和可持续发展的理念而被国际社会广泛接受。如今，已有194个缔约国加入《世界遗产公约》，1154项遗产列入《世界遗产名录》，为识别、保护和保存全人类共同遗产作出了突出贡献。

我国1985年正式加入《世界遗产公约》。世界遗产事业从无到有、从小到大，在世界遗产申报、保护、管理和利用等方面已经取得了举世公认的成就。突出表现在三个方面:

一是遗产数量迅速增加。尽管我们起步晚，但通过积极的申报和有效的组织，我国已有世界遗产57项，数量全球第二。其中文化遗产39项，自然遗产

14项，文化与自然双重遗产4项，成为名副其实的世界遗产大国。

二是遗产类型丰富，反映了我国文明历史悠久、自然条件多样、文化与自然高度融合的资源特点和突出价值。文化遗产包括了文物群、建筑群、遗址 全部三大类型，如周口店北京人遗址、良渚古城遗址、安阳殷墟等早期文明遗址，敦煌莫高窟、洛阳龙门、大同云冈、重庆大足等石窟石刻，明清故宫、颐和园、苏州古典园林等建筑、宫殿、园林以及开平碉楼与村落、福建土楼、皖南古村落等乡村聚落等。我们的自然遗产涵盖了美学、地质地貌和生物遗产全部三种类型，既包括不同气候带的代表性自然生态系统，大熊猫、滇金丝猴等濒危珍稀物种栖息地，也包括最具代表性的丹霞、喀斯特、砂岩等地貌类型和古生物化石群地质遗迹，同时还有优美的山岳、湖泊、森林等自然景观。特别需要指出的是，我国的四大文化与自然双重遗产即泰山、黄山、峨眉山—乐山大佛、武夷山，以及杭州西湖、红河哈尼梯田、左江花山岩画等文化景观，科学与美学完美结合，文化与自然交相辉映，彰显了中国自古以来“天人合一”的传统理念，是最具中国特色的遗产类型，极大地丰富了世界遗产本身的概念内涵和价值认知。

三是基于中国国情的有效管理为世界遗产的全球保护提供了中国智慧和中国方案。我国绝大多数遗产地都有社区存在，都有发展需求。为了有效实施遗产保护与区域发展的和谐联动，我国各级遗产管理部门共同努力，不断完善法律法规体系和保护管理机构，加强遗产监测和教育展示，加大社区和公众参与力度，持续提升遗产地能力建设，创造出很多保护与利用相得益彰的遗产地可持续发展模式。如2012年九寨沟获得联合国教科文组织世界遗产中心

"世界遗产可持续发展最佳示范奖";因其良好的保护管理状况,中国大运河得到2018年世界遗产委员会第42届会议的高度肯定;2021年长城被评为世界遗产保护管理示范案例。通过合作研究、国际会议等,加强和国际组织、其他国家的探索交流,发表了《西安宣言》《黄山宣言》《福州宣言》等一系列具有重要影响力的国际宣言和文件,提高了中国在世界遗产领域的影响力,增进了国际同行对中国世界遗产保护理念、制度、方法和体系的认识和理解,同时为全球世界遗产保护与传承提供了中国智慧和方案,发挥了作为遗产大国应尽的作用。

党的十八大以来,以习近平同志为核心的党中央高度重视我国的世界遗产事业,对世界遗产的保护、传承、管理、利用提出了更高的要求。2014年3月,国家主席习近平在联合国教科文组织总部演讲时强调:"我们应该推动不同文明相互尊重、和谐共处,让文明交流互鉴成为增进各国人民友谊的桥梁、推动人类社会进步的动力、维护世界和平的纽带。"2016年7月,习近平总书记就良渚古城遗址申遗作出重要批示,强调:"申报世界文化遗产工作要统筹安排,申报项目要有利于突出中华文明历史文化价值,有利于体现中华民族精神追求,有利于向世人展示全面真实的古代中国和现代中国。"2021年3月,习近平总书记考察世界遗产地武夷山时,强调"武夷山有着无与伦比的生态人文资源,是中华民族的骄傲,最重要的还是保护好"、"要推动中华优秀传统文化创造性转化、创新性发展,以时代精神激活中华优秀传统文化的生命力"。7月,习近平总书记在致中国福州召开的第44届世界遗产大会贺信中指出,"世界文化和自然遗产是人类文明发展和自然演进的重要成果,也是促进不同文明交流互鉴的重要载体。保护好、传承好、利用好这些宝贵财富,是我们的共同责任,是人类文明赓续和世界可持续发展的必然要求。”“中国愿同世界各国和联合国教科文组织一道，加强交流合作，推动文明对话，促进交流互鉴，支持世界遗产保护事业，共同守护好全人类的文化瑰宝和自然珍宝，推动构建人类命运共同体”。8月，习近平总书记考察承德避暑山庄时再次强调，要保护好、传承好、利用好中华优秀传统文化，挖掘其丰富内涵，以利于更好坚定文化自信、凝聚民族精神。我们必须坚决贯彻落实党中央、国务院的决策部署，科学研判遗产发展国内外形势，以国家法律法规为基础，以践行《世界遗产公约》为宗旨，以遗产保护和传承为核心，以遗产区域可持续发展为重点，突出世界遗产的国际性和公益性，推动中国从世界遗产大国向世界遗产强国迈进，让人类共同的财富世代相传、永续利用。

本次出版的“中国的世界遗产”系列丛书，将科学性与趣味性相结合，系统介绍我国各遗产地的突出价值、申遗过程和保护状况。价值阐释可以更清晰地展示该遗产在人类文明史和地球发展史上的突出作用，而申遗过程及保护状况则可以更全面地认识遗产申报的复杂性以及保护的系统性，认识中国政府和人民为遗产保护以及人类命运共同体建设所做的巨大努力，从而更全方位地认识世界遗产的概念、宗旨和作用，增强遗产保护的自觉性，坚定文化自信，建设生态文明，让世界更多地了解中国，让中国更好地走向世界，让我们宝贵的遗产为中国发展助力，为人类文明添彩！

目 录

第三篇　薪火相传

第一篇 世界明珠

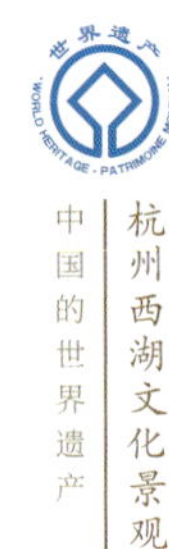

第一章　世遗档案

“天下西湖三十六，就中最好是杭州。”杭州西湖是中国三十多处以西湖命名的湖泊中最为著名的一处。千百年来，杭州西湖以自然山水之美、文化底蕴之深在中国广为人知，是人人向往和眷恋的“人间天堂”。2011年6月24日，在法国巴黎举行的

第35届联合国教科文组织世界遗产委员会会议上，“杭州西湖文化景观”被成功列入《世界遗产名录》。杭州西湖成为世界遗产，使其可以在世界舞台上获得更多的知名度和美誉度，也使其世界性的突出普遍价值能够被更多人认知。从此，杭州西湖除了“风景名胜区”这一“中国身份”之外，还有了“世界遗产”这一“国际身份”（图1-1）。这也意味着杭州西湖将按照国际公约的要求来开展保护管理工作，这是全新历史的开启。

图1-1　西湖全景图（摄影：孙小明）

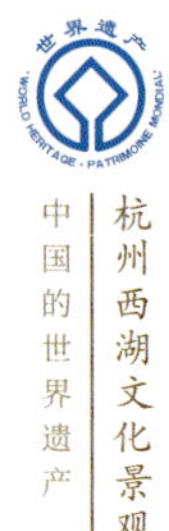

第一节　突出普遍价值

一、遗产范围和边界

杭州西湖是中国的第四十一处世界遗产，是中国第一处以“文化景观”申报成功的世界遗产，同时也是杭州这座历史文化名城的第一处世界遗产。杭州西湖文化景观位于浙江省杭州市城市中心区以西地带。根据联合国教科文组织世界遗产委员会最终决议，“杭州西湖文化景观”遗产区范围3322.88公顷，缓冲区7270.31公顷。遗产区四至边界如下：

东起杭州少年宫广场北，经白沙路、环城西湖、湖滨路、南山路、万松岭路、四宜路、河坊街、大井巷至伍公山东端；

南自伍公山东端，经吴山、紫阳山、云居山东侧山脚，沿万松岭、凤凰山、将台山、玉皇山、丁婆岭、大慈山、白塔岭的山脊线，接钱江一桥北引桥经钱塘江北岸线至浙江大学之江校区东侧；

西自浙江大学之江校区东侧，经大华山东侧山峰，沿虎跑后山、杨梅岭、翁家山的山脊线，接龙井村；向北至棋盘山山脊，接天喜山西侧山脚，沿龙门山、美人峰、北高峰、桃源岭、灵峰山、将军山的山脊线至老和山北端；

北自老和山北端沿山脚向南接杭州植物园北边界，沿栖霞岭、葛岭、宝石山的北侧山脚，经宝石一弄至少年宫广场北（图1-2）。

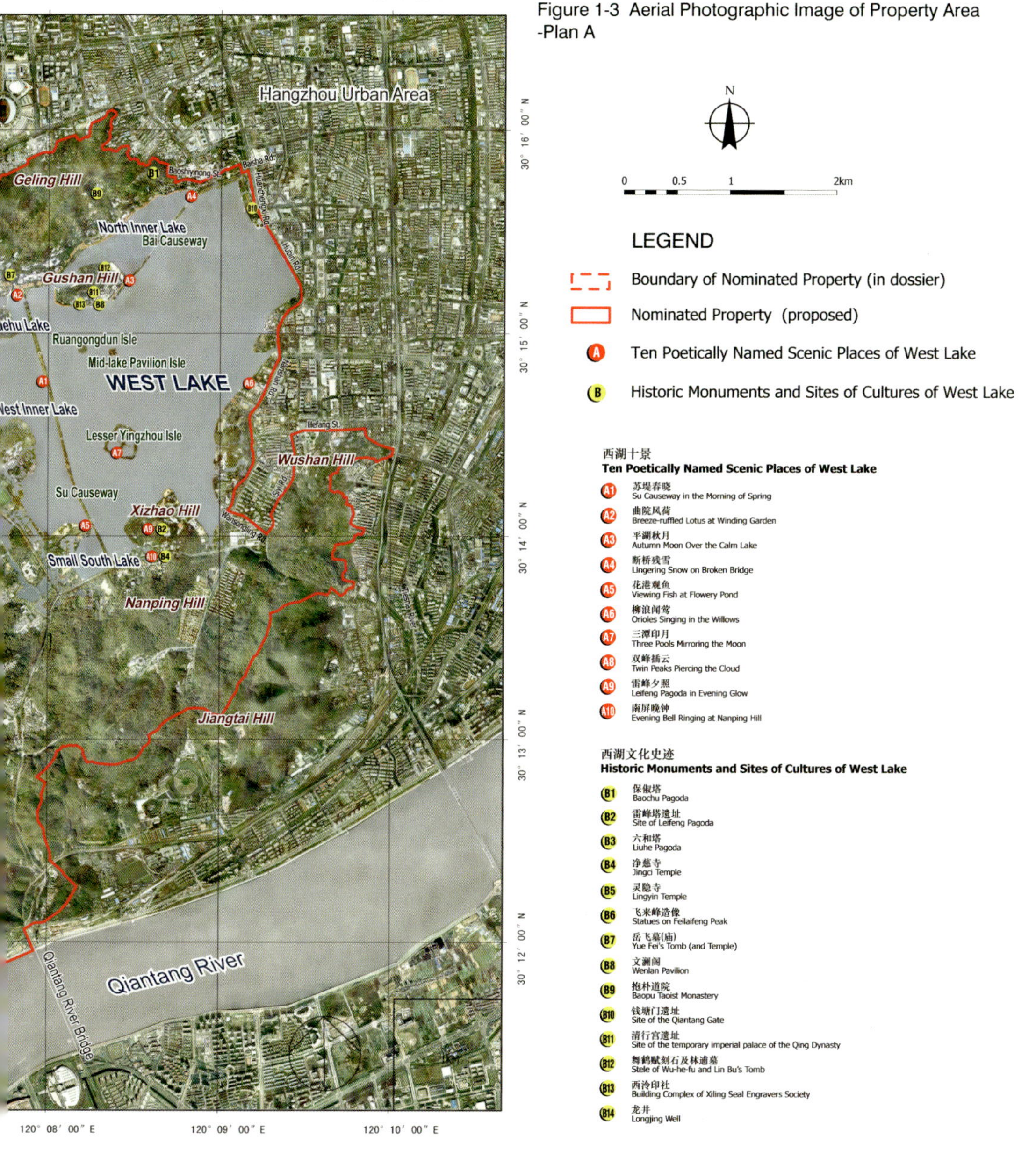
120° 08′ 00″ E
120° 09′ 00″ E
120° 10′ 00″ E
30° 16′ 00″ N
30° 15′ 00″ N
30° 14′ 00″ N
30° 13′ 00″ N
30° 12′ 00″ N
Hangzhou Urban Area
Geling Hill
North Inner Lake
Bai Causeway
Gushan Hill
Ruangongdun Isle
Mid-lake Pavilion Isle
WEST LAKE
Lesser Yingzhou Isle
Su Causeway
Xizhao Hill
Small South Lake
Nanping Hill
Wushan Hill
Jiangtai Hill
Qiantang River
Qiantang River Bridge
Figure 1-3 Aerial Photographic Image of Property Area -Plan A
N
0 0.5 1 2km
LEGEND
Boundary of Nominated Property (in dossier)
Nominated Property (proposed)
Ten Poetically Named Scenic Places of West Lake
Historic Monuments and Sites of Cultures of West Lake
西湖十景
Ten Poetically Named Scenic Places of West Lake
A1 苏堤春晓 Su Causeway in the Morning of Spring
A2 曲院风荷 Breeze-ruffled Lotus at Winding Garden
A3 平湖秋月 Autumn Moon Over the Calm Lake
A4 断桥残雪 Lingering Snow on Broken Bridge
A5 花港观鱼 Viewing Fish at Flowery Pond
A6 柳浪闻莺 Orioles Singing in the Willows
A7 三潭印月 Three Pools Mirroring the Moon
A8 双峰插云 Twin Peaks Piercing the Cloud
A9 雷峰夕照 Leifeng Pagoda in Evening Glow
A10 南屏晚钟 Evening Bell Ringing at Nanping Hill
西湖文化史迹
Historic Monuments and Sites of Cultures of West Lake
B1 保俶塔 Baochu Pagoda
B2 雷峰塔遗址 Site of Leifeng Pagoda
B3 六和塔 Liuhe Pagoda
B4 净慈寺 Jingci Temple
B5 灵隐寺 Lingyin Temple
B6 飞来峰造像 Statues on Feilaifeng Peak
B7 岳飞墓(庙) Yue Fei's Tomb (and Temple)
B8 文澜阁 Wenlan Pavilion
B9 抱朴道院 Baopu Taoist Monastery
B10 钱塘门遗址 Site of the Qiantang Gate
B11 清行宫遗址 Site of the temporary imperial palace of the Qing Dynasty
B12 舞鹤赋刻石及林逋墓 Stele of Wu-he-fu and Lin Bu's Tomb
B13 西泠印社 Building Complex of Xiling Seal Engravers Society
B14 龙井 Longjing Well

图1-2 杭州西湖文化景观遗产区卫星影像图（杭州西湖风景名胜区管理委员会提供）

二、突出普遍价值

突出普遍价值（Outstanding Universal Value，简称OUV）是世界遗产的核心概念，能够成功被列入《世界遗产名录》的项目，必须具备全人类性的、普遍性的重大价值。

从时间发展脉络上，杭州西湖文化景观肇始于9世纪，成型于13世纪，兴盛于18世纪，传承发展至今。联合国教科文组织世界遗产委员会认为：西湖具有"三面云山一面城"的地理特征。自唐朝起，它的美丽就为众多的作家和艺术家所称颂。众多寺庙、宝塔、亭台楼阁、花园，还有观赏树木和人工景观浑然天成，使堤、岛、山坡整体景致得到了提升，使西湖变得更加美丽。西湖的主要人工元素"两堤三岛"是在9世纪

图1-3 [南宋]李嵩《西湖图》(相传)

到12世纪间经多次疏浚而形成的。自南宋(13世纪)起，西湖十景被认为是“天人合一”最理想最经典的景观体现。西湖这一文化景观将中国景观美学的理念表现无遗，为唐宋两朝的文人墨客所称道(图1-3)。除中国外，西湖对其他国家的园林设计亦有深远的影响，许多地方通过湖堤的设计来展现和谐之美。

根据《世界遗产公约》及其《操作指南》，文化景观属于文化遗产，代表着“自然与人的共同作品，它们反映了因物质条件的限制和/或自然环境带来的机遇，在一系列社会、经济和文化因素的内外作用下，人类社会和定居地的历史沿革”。经过联合国教科文组织世界遗产委员会的最终认定，杭州西湖文化景观符合世界遗产列入标准第Ⅱ、Ⅲ、Ⅵ条，从而构成了杭州西湖文化景观作为世界遗产的突出普遍价值(表1-1)。

表 1-1　杭州西湖文化景观符合的世界遗产标准一览表

标准号	世界遗产标准原文	符合世界遗产标准描述
标准（Ⅱ）	展示一段时间内或世界某一文化区域内人类价值观在建筑或技术、古迹艺术、城镇规划或景观设计发展方面的重要交流	“西湖景观”反映了从印度传入中国的佛教思想，如“佛教徒的平和安静”和“风景如画”，而且它又对东亚的景观设计具有重要的影响。它的堤、岛、桥、寺、塔以及风格鲜明的景观在中国多处及日本都被效仿，尤其是北京颐和园。西湖十景的概念在中国已流传七个世纪，并在16世纪朝鲜文人造访西湖后传到朝鲜半岛
标准（Ⅲ）	能为延续至今或业已消逝的文明或文化传统提供独特的或至少是特殊的见证	“西湖景观”是体现唐宋时代演变而来的系列景观入画这一“天人合一”的特定文化传统的杰出见证，其关联性一直延续至今。得到提升的西湖以及其背衬青山，怀抱堤、岛、桥、园、塔、寺的独特布局，可以被看作是反映这种传统的、具有突出代表性的实体
标准（Ⅵ）	与具有突出的普遍意义的事件、活传统、观点、信仰、艺术或文学作品有直接或有形的联系	唐宋时期，设计完善景观并由画家为景观作画、由诗人为景观题名的这一彰显天人合一的文化在西湖景观及其岛、堤、寺、塔和特色植物上得到完美体现。西湖在七个世纪以来秉承这一传统价值，使其传遍中国甚至日韩，使其具有突出的重要性

三、真实性和完整性

所有的世界遗产项目，除了具备符合评价标准的突出普遍价值，还必须满足真实性和完整性的要求。根据世界遗产委员会决议，对杭州西湖文化景观的真实性和完整性描述如下。

（一）真实性

西湖仍然清楚地传达着“文化名湖”的理念，因为景观中可清晰地看到宋朝时所有的关键要素，仍然可以基本清晰地欣赏到西湖十景。大量的文件记录了西湖的发展（尽管比较集中在其中某些元素上），而且这些文件在官方机构得到了妥善的保存。这些记录和文件是遗产真实性的依据。从“云山”和湖边环境，到一株株垂柳以及西湖本身，无一不体现出10世纪以来古老文字中所描述的景观元素。东面杭州城的景象在过去五十年间发生了巨大的改变，西湖这第四面不再是与整体景观相称的“美丽低城”（根据马可·波罗的描述）。杭州及其高耸的建筑占据了东面的视野，使湖边的建筑更显矮小。但是，在向东面看时，北面和南面的山脉轮廓线仍然非常完整，保俶塔在天空的映衬下也十分清晰。国际古迹遗址理事会（ICOMOS）认为，保持这一轮廓线并且从湖这边看到的山后面不能有城市侵入非常重要。

（二）完整性

湖水、三面青山、天际线、堤、岛、桥、寺、塔和特色植物这些遗产普遍价值的重要元素结合在一起创造出了十处著名的题名景观。遗产的自然构造及其重要特征大多保存完好，西湖及其周边景观和风景名胜、历史遗址也都保存完好，没有发现疏漏，对景观的破坏也基本得到控制。因此，与普遍价值相关的重要特性未受到威胁。遗产三面环山的外观整体性保存完好，看上去几乎与千年以前一样。湖东面在杭州城市扩大化下显得有些脆弱。但是，考虑到过去十年来杭州经历的从区域城市发展为八百万人口的大都市的巨大城市变化，遗产向城一面的外观整体性管理还是完善的。建筑物天际线得到城市法规的有效监管，一直保持高度和大小限制，并且凡是可能影响西湖周边天际线的扩张行为都受到了限制。

第二节　西湖的六要素

在西湖申遗的过程中，世界遗产价值的提炼是最为关键的工作。时任中国建筑设计研究院历史文化研究所所长的陈同滨和她的申遗文本编制团队，通过要素梳理的方式来提炼西湖文化景观的价值。

根据最终提交的申遗文本，“西湖景观”的价值载体主要体现在六个不同的方面：西湖自然山水（图1-4）、城湖空间特征、景观整体格局、“西湖十景”、西湖文化史迹、西湖特色植物。

图1-4 西湖景致（摄影：孙小明）

一、西湖自然山水

西湖的自然山水由西湖的外湖、小南湖、西里湖、岳湖、北里湖五片水域（5.593平方千米）与环抱于湖的北、西、南三面丘陵峰峦组成（30多平方千米），既是整个“西湖景观”基本的自然载体，也是景观的组成要素（图1-5）。

图1-5 西湖自然山水（摄影：孙小明）

二、城湖空间特征

西湖的周围空间自12世纪以来就形成了三面环山、一面临城的城湖历史关系并传衍至今，呈现为西湖景观极为独特的“三面云山一面城”的空间特征（图1-6）。

图1-6 城湖相依（摄影：孙小明）

三、景观整体格局

"两堤三岛"景观格局是由9—19世纪通过多次疏浚工程逐渐形成的人工产物

“白堤”“苏堤”和“小瀛洲”“湖心亭”“阮公墩”共同组成，分布于整个西湖水域，形成了一系列独特而丰富的大尺度景观观赏层次，是西湖景观具有整体架构作用和广泛影响力的景观要素（图1-7）。

图1-7　两堤三岛（摄影：云中）

四、“西湖十景”

“西湖十景”指创始于南宋（13世纪），并持续演变至今的十个诗意命名的系列景观单元：“苏堤春晓、曲院风荷、平湖秋月、断桥残雪、花港观鱼、柳浪闻莺、三潭印月、双峰插云、雷峰夕照、南屏晚钟”。它们以世代传衍的特定观赏场所和视域范

围，或依托于文物古迹、或借助于自然风光，呈现出系列观赏主题和情感关联，分布于西湖水域及其周边地带，是“自然与人的联合作品”，属于中国原创的山水美学景观设计手法“题名景观”留存至今的最经典、最完整、最具影响力的作品，并具有突出的“文化关联”特性，是西湖景观中最具创造性精神和艺术典范价值的核心要素（图1-8）。

图1-8　西湖十景之雷峰夕照（摄影：孙小明）

五、西湖文化史迹

“西湖景观”在上千年的持续演变过程中，由于政治、历史、区位的原因，更因其特有的景观吸引力和文化魅力，融汇和吸附了大量的中国儒释道主流文化的各类史迹。它们分布于湖畔与群山中，承载了特别深厚和丰富多样的文化与传统，成为西湖景观作为“文化名湖”的支撑要素（图1-9）。

六、西湖特色植物

“西湖景观”在植物景观特征上具有悠久历史和突出文化象征含义的特色植物有：始于宋代并传衍至今的沿西湖堤、岸间种桃、柳的特色景观，与“西湖十景”的四季观赏特征相应的春桃、夏荷（图1-10）、秋桂、冬梅四季花卉，以及分布于湖西群山中承载了中国茶禅文化重要价值的传统龙井茶园及其景观。

西湖申遗文本中关于西湖文化景观六类基本要素的总结提炼，使西湖世界遗产抽象的价值可以被直观地认知，这对于普及和传播西湖文化具有十分突出的意义。西湖世界遗产的六大价值要素之间彼此联系，作为一个有机整体，共同支撑了西湖世界遗产的价值，成为我们解读西湖文化景观的密码。

图1-9 灵隐寺佛像（摄影：孙小明）

图1-10 西湖荷花（摄影：孙小明）

第二篇

文化名湖

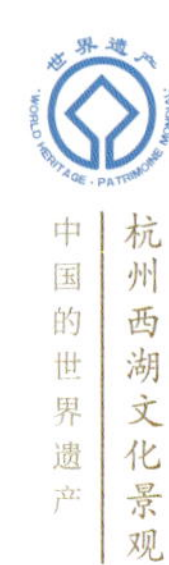

第二章　山色湖光

“水光潋滟晴方好，山色空蒙雨亦奇。”这诗句一水一山，是苏轼关于西湖山水的千古咏唱。在中国传统文化当中，“山水”代表自然。人与山水的关系，可以抽象为中国传统哲学中最核心的天人关系。自汉代以后，儒家主导的“天人合一”说盛行，

文人士大夫把山水当成领悟天道的最佳地方。他们通过山水审美，寄托情感，观照本心。西湖天然形成的湖面和周围群山，婉约秀美，相得益彰，如图画一般，早在唐代就走进了诗人的心里，成为他们诗文创作的主题。此后，西湖山水（图2-1）就一直作为中国山水美学的杰出范例，被无数诗画所描述。

从文化景观形成的角度，西湖的自然山水是西湖文化景观形成的“基底”，在此基础之上，通过千百年来人为的改造，逐渐形成了“人与自然联合的作品”。

图2-1　西湖山水（摄影：孙小明）

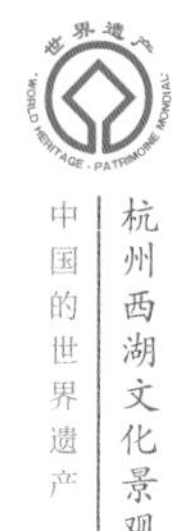

第一节　西湖山水

一、自然山水概况

西湖自然环境独特，湖体轮廓近似椭圆形，面积5.593平方千米。北、西、南三面环山，东面临城，中涵碧水，风光秀丽。东至湖滨路，南到南屏山、夕照山、九曜山，西到玉岑山、吉庆山、丁家山、三台山，北濒栖霞岭、葛岭、宝石山。全湖被孤山以及人工建造的白堤、苏堤划分成外湖、北里湖、西里湖、岳湖、小南湖五片水域，各湖水体通过桥洞相互沟通，形成“湖中有湖”的格局。在21世纪初的西湖综合保护工程中，西湖新恢复了约0.9平方千米水域，现湖体总面积约为6.5平方千米。

西湖周围的群山属于天目山余脉，按文化活动和相对于西湖的地理方位，可分为北山、南山峰峦系列，以湖西侧的最高峰天竺山为界。根据山势高低可分成四个层次：第一层次主要由沿湖的孤山、丁家山和夕照山构成，海拔高度均在50米以下；第二层次主要由海拔高度在50～150米的山体构成，如宝石山、葛岭、花家山、玉岑山、九曜山、南屏山、云居山、吴山等；第三层次主要由海拔高度在150～250米的山体构成，如栖霞岭、秦亭山、灵峰、吉庆山、三台山、南高峰、玉皇山、将台山、凤凰山等；第四层次由西湖群山的外圈山峰构成，海拔高度多在250～400米，如北高峰、龙门山、天竺山、郎当岭、五云山、百子尖、大人峰、理安山、月轮山等。群山峰峦层叠起伏，自然风光秀美（图2-2）。

图2-2 西湖群山（摄影：孙小明）

图2-3 金沙涧（摄影：孙小明）

湖西的群山是西湖主要天然水源的发源地，其中金沙涧（图2-3）、龙泓涧、赤山溪、长桥溪、九溪等溪流是西湖的重要水源（图2-4）。虎跑泉、法雨泉、玉泉、龙井与城内的吴山井，自古有杭州“圣水”之称。

杭州属于北亚热带季风性湿润气候，四季分明，雨量充沛，空气常年湿润。温湿的气候和多样的自然环境为西湖的动植物创造了优越的生存条件，使其动植物众多，物种丰富。西湖的气候条件增添了西湖山水的动态美，渲染了清秀、柔美、和谐的气氛，并使西湖生态景观呈现出丰富多样的特点（图2-5）。

二、自然山水的形成

（一）民间传说

关于西湖山水的形成，有一段在杭州广为人知的民间传说。话说在非常遥远的年代，天河东边住着一条雪白闪亮的玉龙，天河西边则栖息着一只色彩夺目的金凤。玉龙和金凤都具有神奇非凡的本领，常常结伴在天河中游玩。有一天，他们不知不觉到了一座古老的仙岛，发现了一块闪闪发亮的石头。玉龙和金凤都爱不释手，便决定

·水

Water Area of West Lake

图2-4 西湖的水（杭州西湖博物馆总馆提供）

图2-5 西湖秋景（摄影：孙小明）

将它琢磨成一颗珠子。于是玉龙用爪子不断地磨，金凤用喙不断地啄，功夫不负有心人，终于在某一天，石头被琢磨成圆圆的珠子。为了使珠子充满灵气，金凤一次又一次地翱翔于天边的神山，含来晶莹的露液，不停地滴在珠子上；玉龙则一次次游到天涯的神川，吸来清澈的琼浆，不断地喷洒珠子。就这样，珠子慢慢地变成一颗晶莹滋润、灵气非凡、光彩四射的宝珠。这颗宝珠到哪里，哪里就会风调雨顺、五谷丰登；其珠光照到哪里，哪里便会山明水秀、鸟语花香。由于长期的共同劳动，玉龙和金凤自然而然地萌生爱情，谁也不愿意再回到天河东西两边那寂寞的故地，便定居在这座古老的仙岛，日夜守护着这颗他们用毅力和血汗精心琢磨而成的明珠。

不知道在哪年哪月的哪一天，王母娘娘走出宫殿，到这古老的仙岛散心，看见了这颗珠光闪耀的明珠，爱慕至极。于是王母心生一计，令心腹天兵在某日夜半三更，趁玉龙、金凤熟睡之机，将明珠偷走。

玉龙和金凤一觉醒来，发现明珠不见了，十分着急，东寻西找，始终没有找到。后来在王母的生日宴会上，玉龙和金凤终于发现了明珠。二人便向王母索要，王母恼羞成怒，命令天兵将他们赶出天庭。玉龙和金凤便动手要抢回明珠，就在争夺之时，明珠滚出玉盘，最终落到人间，立刻变成一座清澈碧绿的湖，这就是西湖。紧随着明珠飞下的玉龙和金凤，分别化作了玉龙山（今称玉皇山）和凤凰山，永远守护着明珠。这就是“西湖明珠从天降，龙飞凤舞到钱塘”。

（二）自然造化

到近代，关于西湖的形成开始有了科学研究。20世纪早期，日本地质学者石井八万次郎，中国学者竺可桢、章鸿钊等人分别对这一问题开展研究，形成了他们的学术观点。百年来，不同学者在西湖形成这一领域不断有新的研究成果出现，使我们对于这一问题的认知越来越科学。

根据研究，西湖的发展大致经历以下几个阶段：

1.山间谷地形成期

古生代（距今6亿—2.5亿年），今天的杭州总体是海洋环境，以沉降为主，但在沉降中有抬升，间断性隆起成为陆地。中生代（距今2.5亿—0.65亿年），中三叠世末发生了强烈的“印支运动”，使震旦纪至古生代地层整体挤压褶皱，形成了西湖复向斜，伴有一系列断裂构造，褶皱成山，即西湖周边的群山。1950年以后，杭州地质部门曾对西湖湖中三岛和湖滨公园地质作钻孔取样分析，认为距今1.5亿年的晚侏罗纪时期，以湖滨公园一带为中心，曾发生过一次强烈的火山爆发，宝石山（图2-6）和西湖湖底堆积大量火山岩块，由此，曾出现火山口陷落，造成马蹄形核心低洼积水，这就是西湖的雏形。

新生代第四纪以来，在早更新世，由于长期风化剥蚀，西湖所在地区形成宽谷。中晚更新世，宽谷中有洪积和冲积相砂砾石层沉积。全新世早期气候转暖，低洼谷地积水形成淡水湖泊。距今10000余年至7000年前的“河姆渡海侵”，海平面上升，导致杭州以东的广大地区沦为浅海，杭州及西湖也受到海水影响。

2.浅海期

全新世中期，距今约6550—5950年的“皇天畈海侵”，海平面位置最高，西湖成为古浅海海湾。此时，海水不仅到达灵隐山下，而且遍及包括西溪湿地在内的广大地区，浸没整个浙北平原。耸峙于西湖南北的宝石山和吴山，成为这个小海湾的两个岬角。

大约在全新世晚期，即距今5500年左右开始，海平面已不再上升，大抵滞留在今海平面的高度，沿岸沉积物供给较丰，致使长江三角洲向外延伸，从而促进了钱塘江河口湾地逐步形成，潮汐出没，沼泽发育。尤应注意的是，西湖本身就是夹在以吴山和宝石山为代表的南北山系之间的一处低洼的谷地，具有天然湖盆的雏形，即今湖东市区平地本来就稍高于湖西。加上北部山系的宝石山东面既有弥陀山和石阜，又有霍山和哇哇宕，以及虎林山等；南部山系的吴山北部也有草坪岭、灌肺岭、狗儿岭和狗儿山，再向北还有扁担岭和仙林山等，这些小山高阜，无疑能促使钱塘江口涌潮挟带而来的泥土在此淤积发育。

距今约4400—2500年，发生第三次海侵，被称为“钟家塆海侵”，西湖仍为海古湾。而后，海平面下降。由于世界洋面不再持续上升，大抵滞留在现今海平面高度，长江三角洲向外延伸，沿岸沉积物供给相对变丰，钱塘江河口湾逐步形成，本区亦随之淤浅，潮汐出没，潮沼发育。

先秦至西汉时期，杭嘉湖平原大部分相继成陆，而杭州绝大部分地区仍处于水

下，现在意义上的西湖尚未出现。随着海平面进一步回落和时间的推移，钱塘江潮挟带的泥沙在古西湖海湾外大量淤积堆高，逐渐形成“河口沙坎”，此后日积月累，沙洲不断向东、南、北三个方向扩展，终于把吴山和宝石山两个岬角的沙洲连在一起，形成一片冲积平原，把海湾和钱塘江分隔开来，原来的海湾变成一个真正的潟湖，西湖由此而生。这个形成期大概发生在西汉时期，距今约2000年。

西汉时的湖东是一片沙洲，人们的生息活动主要在湖西。西湖初成的时候，里湖的面积比2010年的外湖还大，估计其时的湖域面积为11平方千米。张其昀的《西湖风景史》认为，其时的西湖“必随潮出没，湖上而潮没，潮下而湖见，殆犹在若有若无之间耳”。

图2-6 宝石流霞（摄影：孙小明）

3.沼泽期

距今约2600年前，随着泥沙日益涨远，今杭州市区的平陆也愈来愈大，人口也愈来愈多。于是，根据形势发展的需要，原在“灵隐山下”的钱塘县治搬迁到了平原地区。东汉会稽郡议曹华信，在西湖与江海之间筑起一道捍海塘。由此，缺口缩小，西湖最终与钱塘江分开，终于形成淡水湖泊。当时的西湖，三面环山，而西北一隅直至灵隐山之麓。郦道元《水经注》所谓“江水东经灵隐山下”，说的就是这个意思。

西湖形成后，周围山区多条溪流把淡水和泥沙带入，一方面使西湖不断淡化成淡水湖，另一方面泥沙不断淤积使西湖沼泽化，并形成广泛的泥炭层。明田汝成的《西湖游览志》卷一《西湖总叙》就指出：（西湖）三面环山，溪谷缕注，下有渊泉百道，潴而为湖。竺可桢《杭州西湖生成的原因》一文也指出，西湖初成的时候，里湖的面积比现在的外湖还大。后来因南北诸高峰川流汇集，如玉泉两峰涧、龙井等溪水所带下的泥土流入湖中以后，速率顿减，就污积起来。里湖因在靠山这一边，所以污积得快。如耿家埠、金沙港、茅家埠等处，就是溪流带下的冲积址所成的，倘使没有宋、元、明、清历代的开浚修葺，不但里湖早已受了淘汰，就是外湖恐怕也要为污泥所充塞了。换言之，西湖若没有人工的浚掘，一定要受天然的淘汰。

4.现代西湖期

唐长庆二年（822），白居易到杭州做刺史时，主持疏浚西湖，修筑湖堤，造成了上下湖水位的更大差距，这对西湖的发展有划时代的意义，西湖的性质已经改变，它从一个天然湖泊演变成一个人工湖泊。此后，西湖又经过历代多次疏浚治理，使其得以保存并逐渐形成日后闻名于世的秀美园林景观景致。

西湖经历了自然湖泊、人工湖泊与园林景观的发展过程，它从其成湖之日起直至今天，仍然满载一湖碧水，这是它的沼泽化过程受到人为遏制的结果，也就是竺可桢在《杭州西湖生成的原因》一文中所说的历代人民秉着“人定胜天”的信念重笔勾勒而成的（图2-7）。

图2-7　西湖景观（摄影：倪小蒙）

第二节　历代疏浚

在中国历史上，许多淡水湖泊都经历了从沼泽化走向消亡的过程。西湖自然生成后，之所以能存续至今，最关键的原因在于历代杭州主政者和民众的疏浚活动。西湖的历史，在一定程度上是一部疏浚史，是人类与自然互动的历史，这也是西湖被定位为“文化遗产”的一个重要原因。根据史书记载，历史上对西湖大规模的疏浚活动就有二十多次。

一、唐、五代

西湖真正有计划的大规模疏浚起源于唐代，其中最具代表性的人物就是白居易。长庆二年（822），大诗人白居易在杭州担任刺史，主持疏浚西湖，并以挖出的湖

图2-8　白堤朝辉（摄影：孙小明）

泥在西湖的上湖和下湖之间兴筑长堤，拦蓄湖水，不但有利于农田灌溉，而且美化了西湖景观，在西湖景观设计发展史上具有划时代的意义（图2-8）。

五代时，吴越钱氏政权定都杭州。有人对吴越国第一位国王钱镠说："你如填平西湖，拓宽都城，国祚可延长十倍，否则只能百年。"钱镠认为"无水即无民"，因而设"撩湖兵"千人，专事浚湖，这是疏浚西湖最早的专职人员。吴越国第二代国王钱元瓘在丰豫门内凿一个大池，引西湖水入内，池边立石碑，上书他亲笔写下的"涌金池"三字，在21世纪初实施的西湖综合保护工程中，恢复了"涌金池"（图2-9）。

二、宋代

北宋时期，杭州许多官员着力组织开浚西湖，使西湖得到了更大的发展。景德四年（1007），杭州知州王济对西湖进行了浚治，增置斗门，以防止水患。庆历元年（1041）前后，在自然因素和地主豪强侵占湖面的双重作用下，西湖出现比较严重的淤塞。时任杭州知州郑戬发动民众疏浚西湖，将豪族和僧侣侵占的湖上建筑拆除，使

图2-9　涌金池（摄影：孙小明）

淤塞的情况得到了很大改善。

元祐五年（1090），苏轼任杭州知州，他对淤塞过半的西湖进行了规模空前的疏浚。发动数万民工，除葑田，浚西湖，取淤泥葑草堆筑长堤，贯串西湖南北，植芙蓉、杨柳于堤上，人称“苏公堤”。他还在西湖最深处立石塔三座，划定区域，禁止在此范围内种植菱藕，以防湖底淤浅。三座石塔后来演变成景观，即后来“西湖十景”之一的三潭印月（图2-10）。

南宋时期，杭州作为都城，西湖的治理受到了地方官员的重视，多次得到疏浚。绍兴八年（1138），张澄任临安知府，他到任后的次年，开始疏浚西湖，他重新建立了专门的浚湖队伍，同时颁布法令，如果侵占西湖湖面，将会受到严惩。绍兴十九年（1149），临安知府汤鹏举组织西湖疏浚，并修砌了“六井”阴窦水口，增设斗门闸板，调节湖水入井，用于居民生活。乾道三年（1167）五月，周淙任临安知府，他向朝

图2-10 三潭印月（摄影：于广明）

廷上书建议增加撩湖兵百人，专门负责治理西湖，并严禁豪强侵占湖面，一切按当年苏轼定下的规矩办理。朝廷接受了他的建议，西湖得到了较好的保护。

咸淳四年（1268），潜说友任临安知府。不久，便“申请于朝，乞行除拆湖中菱荷，毋得存留秽塞，侵占湖岸之间”，后组织人员清理和改造了西湖水口，保持了水口的清洁和通畅。

三、元明清时代

元代，蒙古统治者认为南宋朝廷过于沉浸在西湖山水的美好享受中，导致了国家的败亡，因此视西湖为祸国尤物，对之“废而不治”。西湖因缺少疏浚和景观建设，淤塞严重。

明《西湖游览志余》称："西湖开浚之绩，古今尤著者，白乐天、苏子瞻、杨温甫三公而已"。杨温甫就是明代疏浚西湖最具代表性的人物杨孟瑛。杨孟瑛，字温甫，四川丰都人（今属重庆），成化二十三年（1487）进士，弘治十五年（1502）任杭州知府。元代统治近九十年，到明代中叶，又过去了一百多年，其间西湖没有得到系统的治理，淤塞情况越来越严重了。杨孟瑛来杭州之后，在给上司的《呈复西湖状》中说："历宋及元以至国朝，被邻湖贪利之徒占为田荡，湖面日狭。"这时湖西一带，因为土壤肥沃，很多势家富户就打起了西湖的主意，占湖为田，甚至占湖建起民居。正德三年（1508），在杨孟瑛再三请求之下，朝廷终于批准开工疏浚西湖。最终，浚湖工程一共用工152天，拆除田荡3481亩。杨孟瑛令人将湖中所疏浚出来的淤泥、葑草一分为二，一部分放在苏堤之上，抬高拓宽苏堤；另外一部分则"搬顿西山涯岸，筑成外堤，以为界限，使人永远不得再图侵占"，这条外堤就是后人所说的杨公堤（图2-11）。杨孟瑛在杭州任上，除了疏浚西湖，还修复了西湖周边许多文化史迹，其中包括孤山上的供奉白居易、苏轼和林逋的三贤祠。

图2-11 杨堤景行（摄影：张晓力）

万历三十五年（1607），钱塘县令聂心汤在今小瀛洲岛位置以西湖清淤的淤泥围筑湖中之湖——放生池，万历三十九年（1611），钱塘县令杨万里在放生池北继筑外堤，修建了著名的“田”字形格局的水上园林——小瀛洲（图2-12）。

清代，在康熙、乾隆皇帝多次巡幸、题咏西湖的影响下，西湖及其周围寺庙得到了全面的疏浚与修葺，西湖景观达到全盛，并形成了新的“雍正十八景”和“乾隆二十四景”。西湖的影响力空前深远，西湖景观及西湖题材的文学、绘画作品不仅影响了中国皇家造园艺术的发展，也对东亚地区的造园艺术产生了巨大影响。

康熙年间，为康熙皇帝的巡游做准备，地方官员分别在康熙二十八年（1689）、康熙四十六年（1707）多次对西湖及杭州河道进行浚治。

雍正年间，浙江总督李卫等再次大规模疏浚西湖，这次修治工程对保护西湖秀丽风光起了重要作用。李卫在疏浚西湖的同时，还注重西湖名胜景点的建设，增修“西湖十八景”，并主持编写了《西湖志》。

乾隆年间，乾隆皇帝六次下江南，其间西湖得到多次疏浚，并由乾隆的品题赋诗

图2-12　夕照小瀛洲（摄影：韩盛）

形成了“二十四景”。西湖景观达到全盛。

嘉庆十四年（1809），浙江巡抚阮元疏浚西湖，将淤泥在小瀛洲北面堆筑成岛，后人称为“阮公墩”。至此，“两堤三岛”的景观格局终于形成。

嘉庆十九年（1814），御史王嘉栋以工代赈开浚西湖。

同治三年（1864）十一月，浙江巡抚蒋益澧创立西湖浚湖局，委任钱塘人丁丙主事。

四、清代以后

辛亥革命后，民国六年（1917），西湖浚湖局改名西湖工程局，由省管理，用机器从事疏浚。

民国十七年（1928），西湖工程局裁撤，疏浚西湖事宜改由杭州市政府工务科负责，常设浚湖工30人，机器挖泥船2艘，捞草机船2艘，小船18艘，每日约可挖湖泥、捞水草各110立方米。民国二十五年（1936）起，市府在征工服役的工事项目中列入疏浚西湖工程。

抗日战争杭州沦陷期间，敌伪杭州市政府设西湖名胜管理处，主持西湖园林保护、修理及导游事宜，并于民国二十七年（1938）成立浚湖队，专事负责西湖捞草、清秽工作。

中华人民共和国成立后，历届政府和人民共同努力，在疏浚西湖、引水配水、绿化美化、景点建设、保护风景名胜和文物古迹等方面做了大量工作，使西湖焕发青春，实现了可持续发展。

第三节　山水之美

远古时代，在无法征服自然的情况下，人们对山水更多是敬畏和膜拜。历史发展过程中，人们逐渐从敬畏转向亲近山水，把自然山水作为审美对象，同时把山水与人的道德精神联系起来，正如孔子所说“智者乐水，仁者乐山”。西湖山水是西湖作为文化景观遗产的一个重要支撑要素。千百年来，无论是文人士大夫还是普通民众，都十分向往西湖的山水。一直到今天，西湖的秀美山水持续吸引着无数游人驻足欣赏。在诗人和画家笔下，西湖山水美景被反复吟诵和描摹，留下了无数经典的艺术作品。在普通民众心目中，西湖山水是“秀美江南”最典型的代表，人人心向往之。

西湖山水之美，在于恬静柔和之美。跟高山大川相比，西湖的山水有其自身显著特点。西湖周边三面群山呈低缓的马蹄状分布，从远望去，天际线柔和温婉。除极端天气之外，西湖湖面常年没有风浪，在群山环抱之下，一汪碧水显得丰盈平静，这与中国文人士大夫所追求的淡泊宁静的人生志趣高度契合。从现代美学的角度，比例关系是形成美感的重要方面，例如黄金分割就是一种美的比例关系。西湖山的高度和水的广度，在比例上是一种美学上的和谐关系，自然呈现出视觉上的美感。桐庐人袁道冲在《湖滨旧影》一文中说：“西湖之妙，在于湖裹山中，山屏湖外，登山兼可眺湖，游湖亦并看山。有时山影倒置湖中，有时湖光反映山际，二者相得益彰，不可复离。”西湖的山水体量、位置等因素上的和谐关系，使西湖的山与水“相得益彰，不可复离”。

西湖山水之美，在于朦胧含蓄之美。中国传统审美，讲究诗情画意，强调对美的遐想，意境的朦胧美能够激起人们内心的审美情感，引发无限联想。西湖周边群山，有明显的层次感，峰峦重叠，山色浓淡分明，仿佛一幅中国水墨画。“晴湖不如雨湖、雨湖不如月湖”，西湖山水在一些特定气象和季节条件下，更呈现出朦胧含蓄的审美意境。如果深入到西湖的群山之中，尽管山势不高，但山中天然的丘壑岩泉众多，层出不穷，富有曲折，步步引人入胜，同样充满幽深含蓄之美。

清代文人涨潮在《幽梦影》中说：“有地上之山水,有画上之山水,有梦中之山水,有胸中之山水。”在近千年的文化发展影响下，西湖自然山水不再只是地上之山水，而是与诗画等艺术相融合，又与堤岛、桥涵、亭台、楼阁、塔等多种人工作品交融渗透，自然之美与人文之美互为表里，共同构成了西湖景观山水优美、人文荟萃、内涵丰富的显著价值（图2-13）。

图2-13 西湖晚霞（杭州西湖风景名胜区管理委员会提供）

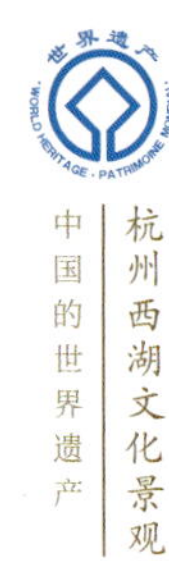

第三章 城湖相依

“三面云山一面城”，是西湖山水与杭州城市之间的空间关系。在1000多年的历史发展进程中，城与湖形成了非常鲜明的互动关系。这种人地互动关系，高度契合了世界遗产体系下的文化景观概念，即“因物质条件的限制和自然环境带来的机遇，在

一系列社会、经济和文化因素的内外作用下，人类社会和定居地的历史沿革”。

西湖的存在，在早期解决了城市发展所必需的饮用水和水利灌溉需求，造就了城市居民在西湖东面的繁衍生息；而城市的发展，为西湖的变迁提供了经济、文化上的动力。西湖成为享誉海内外的文化名湖之后，又赋予杭州城市以文化底蕴，延续了城市的文脉。可以说，杭州和西湖唇齿相依，彼此成就，在景观上形成有机整体，是人与自然、城市与景观和谐发展的典范（图3-1）。

图 3-1　城湖相依（摄影：孙小明）

第一节　从“钱唐湖”到“西湖”

一、湖在城西

中国的湖泊，大多以地理方位来命名，这也是中国传统地名命名的通例。杭州西湖以其处于杭州城以西而得名。

西湖被称为“西湖”之前，其官方名称为“钱唐湖”，因其处于钱唐县境内而得名。到唐代，易“唐”为“塘”，称为“钱塘湖”，这一名称在唐代的诸多文献中可见。

从“钱塘湖”演变为“西湖”，这与历史上杭州城市与湖的方位变化有关。南朝钱唐县令刘道真著《钱唐记》，称“县在灵隐山下”。由此可见，早期的杭州（钱唐县）并不在今西湖东面，而是处在今西湖西面的灵隐山中，即湖在县治的东面，而那时湖东的广大区域还是江海侵袭的斥卤之地。到了隋朝开皇十年（590），杨素开始修筑杭州城，开皇十一年（591）竣工。杨素选址的地方是柳浦西，也就是今天的凤凰山山脚一带。后城市中心移到了今江干一带，此时湖东沙洲渐成平原，人口渐渐迁往此地。随着城的修筑以及人口逐渐迁到今天的西湖东面，西湖与城市的地理关系发生了根本的改变，即《咸淳临安志》卷三二所说“西湖，在郡西”。

二、李泌和“六井”

李泌的到来，则进一步巩固了“湖在城西”的地理关系。李泌（722—789），字长源，唐代京兆人。中唐著名政治家、学者。唐建中二年（781）担任杭州刺史，历时二年有余。

今天的西湖东面是由海水冲击而形成的平原这一结论已经通过各种科学分析得到了确证。唐中期，杭州城中地下水仍未淡化，居民饮水必须依靠西湖，取水十分不便。李泌担任杭州刺史之后，在湖边修建了著名的“六井”，六井分别为相国井、西井、方井、金牛井、白龟井、小方井。今相国井遗址尚存，在解放路井亭桥西。从湖中引水到城中这六个大蓄水池中，大大便利了居民的饮水。饮水设施的进步，使得湖东

图 3-2　苏堤往东环视（摄影：孙小明）

人口日益繁盛，对于今天杭州城格局的奠定至为关键。元祐五年（1090），苏轼奏报皇帝的《乞开杭州西湖状》中对李泌筑六井的意义作出了详细解释："杭之为州，本江海故地，水泉咸苦，居民零落。自唐李泌始引湖水作六井，然后民足于水，井邑日富，百万生聚待此而后食。"

宋元以降，城东地下水逐渐淡化，饮用水不再成为城市难题，杭州城最终牢牢确立在湖东的平原地带。西湖也就定位于城市以西，最终成为名满天下的"西湖"。

"西湖"的名称真正被人们接受是在唐代中晚期，白居易有名句"欲将此意凭回棹，报与西湖风月知"，即为证明。到了宋代，诗词中已经少有称为"钱塘湖"的了，苏东坡主政杭州，向朝廷上《乞开杭州西湖状》第一次在官方文件中使用了"西湖"，西湖之名尘埃落定（图3-2）。

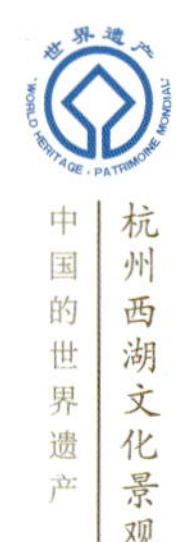

第二节　都城时代的到来

历史上，杭州的城市发展不断给西湖景观带来新的机遇。特别是吴越国和南宋时期，杭州成为政权的都城，城市发展得到了跃升，经济的繁荣、城墙的扩建，进一步密切了城市和西湖的关系，促进了西湖景观的营建，不断丰富西湖所承载的文化内涵。

一、吴越国的建都

五代十国时期，杭州成为钱镠（图3-3）建立的地方割据政权吴越国的都城。自东汉末分置吴郡以后，钱塘江两岸分属两个政区，西北岸属吴郡，东南岸属会稽郡，唐时始合并为江南道，其治所仍在苏州，杭州始终地偏边隅，发展受到了一定限制。自吴越在此建都后，杭州一跃而成为地占两浙十三州、一军的东南政治、经济和文化中心，使

图 3-3　钱王祠（摄影：孙小明）

杭州进入了一个重要发展阶段。吴越国的建立，给西湖带来了重要的发展机会。

杭州成为吴越国割据政权的中心之后，钱镠先后两次对杭州的旧城进行扩建，为后世杭州城奠定了规模上的基础。随着城的扩大，众多的城门靠近西湖，湖与城的联系更加紧密。

第一次扩建是唐昭宗大顺元年（890），“筑新夹城，环包氏山，洎秦望山而回，凡五十余里，皆穿林架险而版筑焉”。因是依附旧城修筑，故名“新夹城”。夹城设城门六座：朝天门、炭桥新门、盐桥门、北关门、涵水西关门和龙山门。由此推断，这座城当起自吴山东麓，循今中河西岸向北，至天水桥附近折向西北至夹城巷，再折向西南经宝石山东麓，沿西湖东岸及南岸，南过虎跑山，止于六和塔（图3-4）。

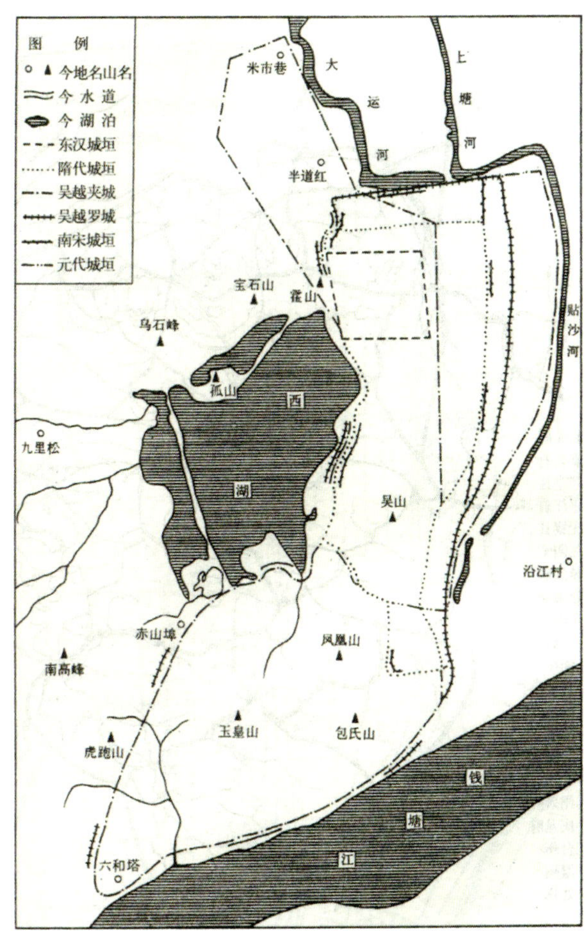

图 3-4　杭州城郭变迁图

（杭州西湖风景名胜区管理委员会提供）

第二次扩建是唐昭宗景福二年（893），据《吴越备史》记载，钱镠“率十三都兵洎役徒二十万余众，新筑罗城，自秦望山由夹城东亘江干，洎钱湖、霍山、范浦，凡七十里”。钱湖即西湖，霍山在今少年宫后，范浦在今艮山门内莫衙营西口。新筑罗城开有四门：竹车门、南土门、北土门和保德门。由此推断，罗城只是在夹城基础上的改建，即南起凤凰山，东接夹城，东北循今东河外建国路至今艮山门，折而西行，沿今环城北路至武林门，复折而南循今环城西路抵少年宫，仍与夹城相接。两城合计十门，所谓“凡

七十里”，亦指两城之总长而言。

钱镠立国之初，又以凤凰山下隋、唐州城为基础，建造“子城”，作为王宫所在地。设南、北两门，南边是通越门，北边是双门。宫门“皆金铺铁叶”，富丽堂皇。至此，吴越都城内有子城，外有夹城和罗城，城分三重，规模备极宏伟。

经三次大建，南到钱塘江北，北迤武林门，西濒西湖，东至菜市河（今东河）的“腰鼓城”，使吴越时期杭州城的西城墙与西湖东岸紧密契合，城湖关系为后来朝代所承继。

吴越国对杭州西湖的治理也不遗余力。钱镠为了疏浚西湖，特建立了1000人的“撩浅军”专职浚湖队；在从事疏浚工作的同时，又采用与六井同样的方法，在城内新挖“涌金池”三处，以满足城市居民日益增长的生活用水需要。

吴越时期，还对西湖周边进行了大规模营建，今天杭州西湖文化景观的众多遗产点都始建于这一时期。

吴越国创建后，钱镠曾大兴土木建造宫苑。据《旧五代史》卷一三三《钱镠传》记载，钱镠“在杭州垂四十年，穷奢极贵……又平江中罗刹石，悉起台榭，广郡郭周三十里，邑屋之繁会，江山之雕丽，实江南之胜概也”。据史书记载，吴越国在西湖附近建造的园林有瑞萼园、钱王故苑、南果园等。这些园林大多兼有皇家园林和私人园林的风格与情趣。

吴越国佛教盛行，在十个割据政权当中，“寺塔之建，吴越武肃倍于九国”，这些佛寺都分布于杭州内外及湖山之间，吴越国除对东晋的灵隐寺做了大规模扩建外，新建寺庙达三百六十余所，今昭庆寺和净慈寺两大名刹，以及西关外的雷峰塔、月轮山的六和塔、闸口的白塔和宝石山的保俶塔四大名塔都始建于吴越。保存至今的有灵隐寺的两石塔、两经幢，梵天寺的经幢，闸口的白塔和慈云岭（图3-5），烟霞洞石窟造像等，具有很高的历史价值和艺术价值。

二、南宋的建都

北宋统一后，杭州为两浙路治所，已成为“东南第一州”。宋室南渡后，建都于杭州，改称临安府。杭州从此成为南宋全国政治、经济、文化的中心。从绍兴二十八年（1158）开始，南宋政府在吴越国都的基础上扩建宫城及其东南的外城。

图 3-5 慈云岭地藏龛（摄影：孙小明）

宫城又称“大内”或“皇城”，位于凤凰山麓，北起凤山门，南到钱塘江边，东止候潮门，西至万松岭，城周约九里，就吴越“子城”改建。宫城四面各有一门，南门改吴越通越门为丽正门，北门改吴越双门为和宁门，另增辟东华、西华二门。丽正门是宫殿的大门，有三重门，每重“皆金钉朱户，画栋雕甍，覆以铜瓦，镌镂龙凤飞骧之状，巍峨壮丽，光耀溢目”。北面的和宁门也有三门，其壮丽略同。

外城，又名“罗城”。基本上是吴越西府城的规模，只是在东南部略有扩展，西北部稍有紧缩，成了内跨吴山，北到武林门，东南靠近钱塘江，西濒西湖，气势宏伟的大城。城墙高三丈，宽丈余。共有城门十三座：东七门，北起为艮山门、东青门、崇新门、新开门、保安门、候潮门和便门；西四门，南起为钱湖门、清波门、丰豫门和钱塘门；南有嘉会门；北有余杭门。此外，还有北水门、南水门、保安水门、天宗水门和余杭水门五座水门。

十三门中的艮山门、东青门、便门建有瓮城，其余各门均修有城楼，尤以嘉会门城楼“绚丽为诸门冠”，每年皇帝“南郊”时的御车即由此门进出。城外绕有宽达十丈的护城河，亦称城濠（即今东河）。河岸种植杨柳，禁人往来。

临安城西墙临湖，设有涌金门（图3-6）、钱塘门（图3-7）和清波门（图3-8）三门，至此，“三面云山一面城”的格局正式形成。

自大运河开通以来，随着中国经济重心的南移，杭州获得长足发展，逐渐成为经济繁荣、文化昌盛的“东南名郡”。到北宋时期，杭州海外贸易更加发达，城市手工业不断发展，一跃成为宋仁宗笔下的“东南第一州”。

建炎三年（1129），宋高宗自扬州渡江到杭州，旋升杭州为临安府。至绍兴八年（1138），南宋定都临安。宋室南迁带来了中原地区的大量人口和先进技术，进一步促进了杭州城市的繁荣，为西湖景观的空前发展提供了政治、经济和文化基础。当时西湖周边园林遍布、楼阁林立，湖山游船穿梭，正如林升所描述的“山外青山楼外楼，西湖歌舞几时休”。南宋统治者在西湖边先后建造了聚景、真珠、南屏、集芳、延祥、玉壶等御花园，许多达官贵人也纷纷在西湖边建造私家园林，这些园林逐步演化成为西湖周边的著名景致。例如西湖十景中柳浪闻莺就曾是聚景园中的一处景点，花港观鱼（图3-9）一景曾在南宋官员卢允升的私家园林中。

图 3-6 古涌金门标志

（杭州西湖风景名胜区管理委员会提供）

图 3-7 古钱塘门标志

（杭州西湖风景名胜区管理委员会提供）

图 3-8 古清波门标志

（杭州西湖风景名胜区管理委员会提供）

图 3-9　花港观鱼红鱼池（摄影：倪小蒙）

第三节　三面云山一面城

在千年历史进程中，西湖与杭州城始终唇齿相依，西湖与城市的空间关系始终维持着“三面云山一面城”的状况（图3-10）。

欧阳修在《有美堂记》中说：“夫举天下之至美与其乐，有不得兼焉者多矣。故穷山水登临之美者，必之乎宽闲之野、寂寞之乡，而后得焉。览人物之盛丽，跨都邑之雄富者，必据乎四达之冲、舟车之会，而后足焉。盖彼放心于物外。”他认为纵览天下之景，凡是有自然山水之美的地方，往往是荒郊野外，寂寞之乡。而有繁华富丽之美的地方，往往又没有秀美山水可供欣赏。杭州西湖恰恰二者兼具，人们在欣赏西湖秀美自然湖光的同时，也可以感受城市充满活力的人居气息。城湖相互烘托，在景观上成为密不可分的有机整体。

位于西湖东面的钱塘门遗址，就是历史上西湖“三面云山一面城”空间关系的实证。

南宋钱塘门遗址位于今杭州市六公园内湖畔居茶楼东面。“钱塘门”一名唐代时已有，是杭州诸城门中唯一名称一直沿用的城门。2008年，杭州市文物考古研究所对钱塘门遗址进行发掘，发掘的钱塘门遗址包括门道、门洞侧壁基础、城墙夯土等。门道近东西走向，东西残长约9米，南北宽3.95米，路面由长方砖横向错缝侧砌而成，

图 3-10 西湖全景（摄影：韩盛）

砖长30厘米、宽5厘米、厚5～7厘米。路基由黄褐色土夯筑而成，质坚硬，路基上有一层较薄的石灰面，以利路面铺砖。城墙夯土东西宽约6.8米，但尚未完全揭露，为灰褐、黄褐色黏土，内掺入少量碎石、砖块、瓦砾等，分层夯筑而成，质坚硬。出土遗物有建筑构件、瓷器等。建筑构件有长方砖、瓦当等。瓷器有青瓷、青白瓷、黑釉瓷、青花瓷等。

通过对钱塘门门道基础的解剖发现，路基础部分系层层夯筑而成，在路基黄黏土夯层部分出土大量北宋时期的龙泉窑、越窑青瓷，甚至有更早期唐代的青瓷。这些发现证明，钱塘门至迟在北宋时期已经存在。此次考古发掘，确定了钱塘门的具体位置，为研究南宋临安城城市布局与沿革提供明确的参照点，亦为探讨钱塘门始建年代、建筑技术等提供了重要实物资料（图3-11）。

图 3-11 钱塘门遗址考古发掘现场（摄影：陈志华）

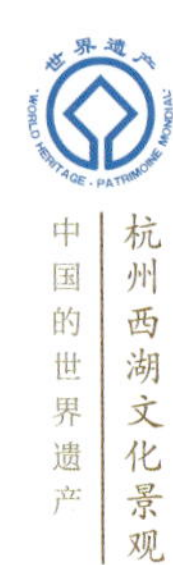

第四章　湖中堤岛

西湖文化景观中，堤岛结构主要包括两堤和三岛，即白堤、苏堤、小瀛洲、湖心亭、阮公墩，这些堤和岛形成于公元9世纪到19世纪，体现了西湖文化景观的持续演

进。作为人工疏浚西湖的产物，湖中堤岛取材于自然，又与自然山水相结合，是中国传统景观设计上的杰出创造，呈现出西湖景观设计上大尺度的整体性布局，对中国其他地区和东亚地区的景观设计产生了深远影响。西湖中的两堤和三岛，因其与中国历史上的多位文化名人相关联，又极大地丰富了西湖文化景观的人文底蕴，赋予了人们以更多的审美联想。同时，还因为这些堤岛的存在，使得西湖在游览交通上变得更加便利和多元，也使得人们欣赏西湖美景的角度富于变化（图4-1）。

图 4-1　两堤三岛（摄影：胡鉴）

第一节　两堤风韵

一、白堤

白居易是第一位与西湖发生密切关联的文化巨人。白居易的到来，提升了西湖在文人士大夫阶层中的影响力，使西湖逐渐从自然湖转向文化湖。

白居易（772—846），字乐天，晚年号香山居士，是唐代伟大的诗人。他的诗题材丰富、内容深刻，表达平易浅近，贴切流畅，流传极广。

唐长庆二年（822），白居易担任杭州刺史。白居易在治湖时修筑湖堤调节水量，后人为纪念白居易之惠政，名其所筑堤为“白公堤”，并于堤西端建白公祠以纪念他。后来，白公堤湮没，世人便将原有的白沙堤称为“白堤”以为纪念。白居易修筑的圣塘闸沿用至今，是西湖重要的水利设施之一。在闸上重建的圣塘闸亭，墙上刻录了白居易的《钱塘湖石记》，记录着千年前那场伟大的水利工程。宋代至清代，杭州建有纪念白居易的祠堂、白乐桥等，以感念他的恩德。至今杭州仍有白苏二公祠。

白居易任刺史三年，题诗数量蔚为大观，诗中并称杭州山水风光是江南之冠，对西湖美景也是赞誉良多。白居易作为唐代著名诗人，其诗歌在文人士大夫乃至普通老百姓当中的影响力都是十分巨大的，甚至还影响到日本。借由白居易的诗，杭州西湖文化得到了广泛传播，逐渐为天下人所熟知。白居易对西湖文化形象的塑造，对西湖知名度的提升，作出了重要贡献。

白居易任杭州刺史期间，清廉如水，离任时仅仅带走了两块天竺的石头和一只鹤。其为杭州百姓留下了诸多的善政，直至今日依然被杭州百姓所津津乐道。

白堤（图4-2），为白沙堤或白公堤的简称，历史上又名捍湖堤、沙堤、孤山路、断桥路、段桥路、断桥堤、孙堤、十锦塘等。白堤东起断桥，经锦带桥向西止于平湖秋月，白堤距湖北岸约300米，距湖南岸约2000米，分湖面为北小南大的两部分（面积比约1∶20）。现堤全长987米，宽33米。

白堤是什么时候形成的？其形成原因是什么？最早为何人所筑？自宋以来，人们便对此做了探讨，众说纷纭。有人将其归结为龙王作用的结果，有人认为是唐咸通二年

图 4-2 白堤（摄影：孙小明）

（861）刺史崔彦曾开沙河塘时所筑，而更多的人将此堤说成是白居易在杭时所筑的那条堤，但此说在清时已为许多学者所否定。清梁诗正等辑《西湖志纂》卷三《孤山胜迹》中详细地叙述了此堤名称的变迁过程：

白沙堤，俗称白公堤。自孤山至断桥，径三里余。唐称白沙堤，宋称孤山路。《咸淳临安志》云："东有断桥，北有西泠桥。"白乐天诗曰："谁开湖寺西南路，草绿裙腰一道斜。"自注云："孤山寺路在湖洲中，草绿时望如裙腰。"旧《志》云："不知所从始。"《万历钱塘县志》曰："岁久堤圮，万历十七年，司礼监孙隆累石砌筑，杂植花木，更名十锦塘。……臣谨按：自宋咸淳间，潜说友作《临安志》。后吴自牧作《梦粱录》，周密作《武林旧事》，明洪武时陈循作《寰宇通志》，成化中夏时正修《杭州府志》，俱称孤山路。嘉靖中田汝成作《西湖游览志》，万历中陈善修《杭州府志》，并失载孤山路，而白沙堤之名遂泯。至万历中钱塘令聂心汤作县志，从俗称白公堤。而后之修志者，咸指此堤为白公所筑，不知白诗有'绿杨阴里白沙堤'之句，则白公之前已有此堤矣。"

由此可以佐证，白堤并非白居易所筑。谢前明、史玉仙在《西湖地名》一书中根据科学知识，对白堤的形成做了一个大胆的假设，认为白堤可能最初是自然淤积形成的一道沙埂，后经人工相继整理、建桥，才成为一道连接孤山与湖岸的景观长堤。

唐代的白沙堤，简称沙堤，景色非常优美。因这里当时建有孤山寺，时人又名孤山寺路。白居易有不少诗述及白沙堤，如其《钱塘湖春行》"最爱湖东行不足，绿杨阴里白沙堤"；《杭州春望》"望海楼明照曙霞，护江堤白踏晴沙"。

宋代，白堤的名称比过去更多，白沙堤、孤山路两名得到沿用。宋潜说友《咸淳临安志》载:孤山路，在孤山之下，北有断桥，南有西泠桥，其西为里湖。此外，又增加了断桥路、断桥堤、段桥路等名称。宋代白堤的建设颇有成就，咸淳年间（1265—1274），郡守在堤上建亭三座。是时，这一景区西自西陵桥，东至断桥，北为里湖。景点有孤山、四圣延祥观、西太乙宫、四面堂、处士桥、涵碧桥、高翥墓、六一泉、陈朝柏、玛瑙坡、金沙井。

元代，里湖一带分布着众多的蒙古贵族宅院，普通百姓不许在白堤上往来。白堤得不到统治者的及时整修，再加上湖水的不断侵蚀，至元末逐渐衰败。

明初，白堤因岁久不治，破损严重。正德初，知府杨孟瑛浚取葑泥，补益堤面，列插万柳，稍稍恢复了旧观。万历十七年（1589），孙隆又捐资修筑。经过整修后的白堤极其壮伟，延袤三里，横阔三丈，四围用石块砌成，中间用沙铺成，两旁一如苏堤栽种桃柳，杂植四时花卉。建锦带桥、垂露亭，时人俗称其为"十锦塘"。杭人为感谢孙隆对白堤的贡献，也有尊称孙隆所整修的白堤为"孙堤"的，但"孙堤"一名的流传时间并不长，人们习惯称白沙堤为"白堤"。

明清之交，白堤和苏堤均遭受重创，两堤垂柳皆被砍伐，有识之士深感惋惜。清雍正二年（1724），雍正皇帝下诏兴修西湖水利，浙江和杭州的地方官员奉旨浚湖，将湖中挖出的葑藻运到白堤、苏堤等旧堤之上，将其加宽丈余，加高二尺，堤上铺沙瓷石，比原先更加完好，同时补植桃柳。经过这次整修后，白堤"烂如锦屏，行人嬉游，鱼鸟咸若，洵无日不在光风熙皞中也"。此外，因康、乾两帝南巡杭州，西湖内外都得到了地方官员的整修，苏、白两堤也被整修一新。

民国时的白堤，是西湖的重要景区之一。据曹聚仁《湖上杂忆》所说，“从湖滨公园经过断桥、白堤到孤山，绕到西泠桥，可说是近五十年的新线，也正是南宋的游湖线。那是我们祖先所不曾走过的”。同样，游客下孤山，循白沙堤，经锦带桥、断桥，游昭庆寺，取道宝石山麓以返城中。可是这条游湖线上的白堤、孤山梅林等景点，由于岁久失修，已经遭到严重的损坏。

民国二十三年（1934），西湖大旱，现出湖底。于是，杭州有关当局借此对白堤进行整修，以疏浚的淤泥增扩堤身。因此，从断桥至锦带桥一带的堤身，较之锦带桥至平湖秋月一带要宽阔得多。这次整修，将堤中的黄沙马路改成柏油马路，路两旁铺草植花，并补植坏死的桃柳。经过整修，白堤焕然一新，保持了桃红柳绿的传统风貌，被辟作白堤公园。

中华人民共和国成立后，杭州有关部门对白堤进行了较大规模的整修。白堤两旁各放宽15～20米，垫高1米。锦带桥至平湖秋月一段，亦放宽至与白堤相平行。与此同时，在堤上补植主要观赏花木碧桃，间隔于绿色的杨柳中，恢复往先“一株杨柳一株桃”的美丽盛景。沿湖遍植垂柳及建筑花坛，并铺设大面积的草皮。此后，白堤又经过多次整修和美化，包括堤岸的整修，人行道的铺设，断桥和锦带桥的修缮，如今的白堤是游客和市民最为钟爱的景点之一。

二、苏堤

苏轼（1037—1101），字子瞻，号东坡居士，四川眉山人，北宋著名文学家、书法家、画家。苏轼曾两度在杭州担任地方官，对于西湖治理有很高的功绩。苏轼的诗文中多有称赞杭州西湖，大力提升了杭州西湖的知名度和文化品位。

苏轼第一次来杭州，是熙宁四年（1071）。他上书谈论新法的弊病，受到改革派的排挤，于是请求出京任职，被授为杭州通判。在担任通判期间，苏轼就对杭州民生多有功绩，他和知州陈襄主持修复六井，解决了居民吃水的问题。

元祐四年（1089），苏轼再度与杭州结缘，出任杭州知州，距离他第一次任职杭州已经过去十几年。眼见西湖淤塞严重，忧虑万分的苏轼在元祐五年（1090）上书宋哲宗，写下了西湖治理史中的重要文件《乞开杭州西湖状》，请求朝廷给予资金支持，随后开展大规模疏浚。

苏轼一共动员了二十万人工疏浚西湖，他想到“湖南北三十里，环湖往来，终日不达。若取葑田积之湖中为长堤，以通南北，则葑田去，而行者便矣”。用浚湖的淤泥筑成长堤，以解决西湖的南北交通问题，这是苏轼的伟大创造。作为大文豪，苏轼在杭期间创作了大量有关西湖的诗文，与白居易的作品遥相辉映，对西湖景观文化价值的进一步挖掘、拓展及广泛传播起到了里程碑式的推动作用，使西湖景观在国内外的影响力进一步扩大。

苏堤（图4-3），南起南屏山麓南山路，北至岳王庙东，横贯湖中，堤西为小南湖、西里湖、岳湖，是贯穿西湖南北景区的通道。堤长2797米，宽30～40米。宋时，苏堤自南而北在堤上建造六座石拱桥，可通舟楫。堤两旁夹植杨柳、桃树、芙蓉等花木，为西湖增添了“六桥烟柳”的景色。堤上先后建有九个亭子，作为游人在苏堤玩赏时的休息之处，时有“六桥九亭”之称。从此以后，西湖一分为二，苏堤西面称里湖，东面称外湖。

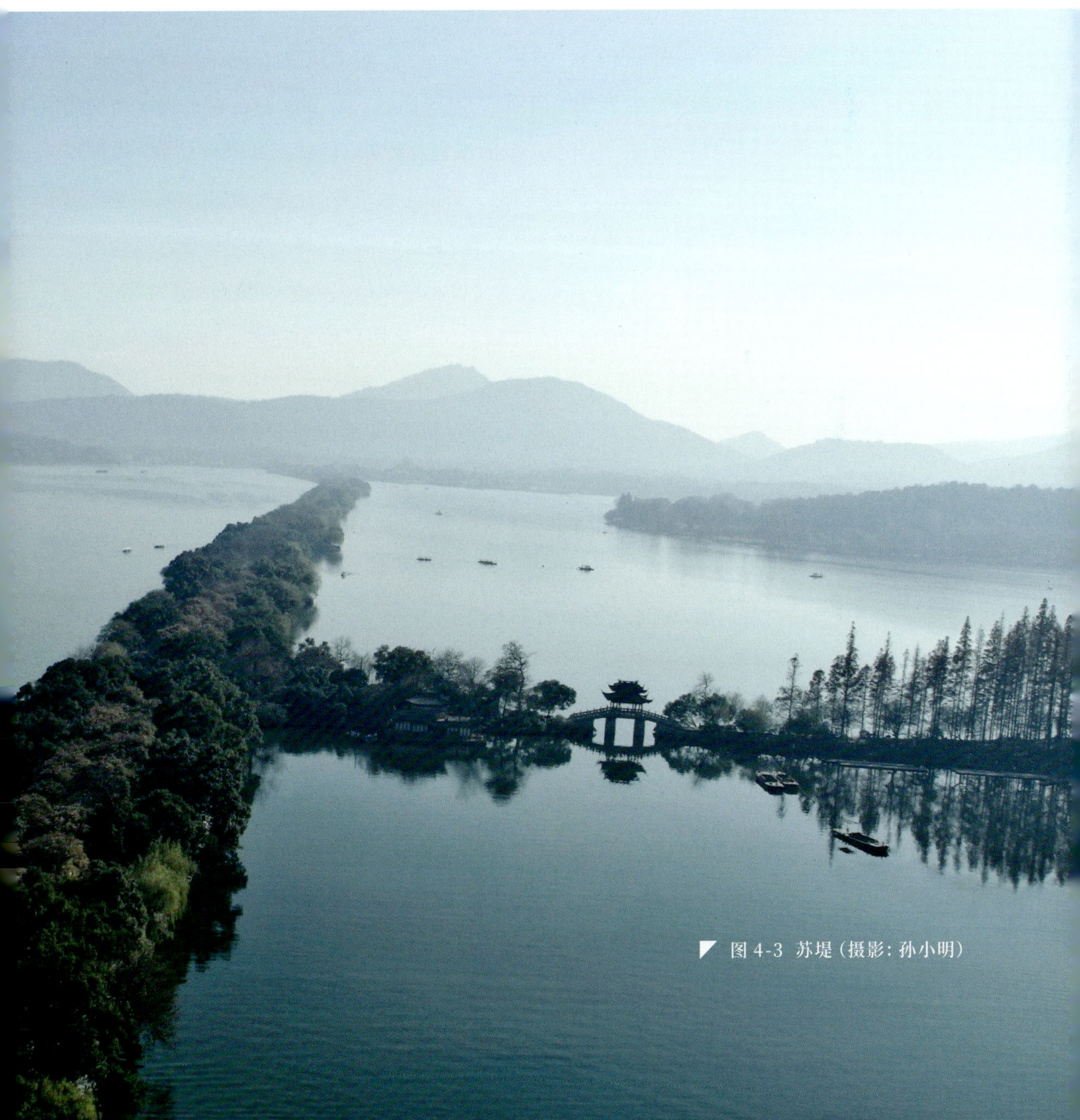

图 4-3　苏堤（摄影：孙小明）

苏轼离开杭州后，后任林希为纪念前任的功绩，将苏轼所筑的堤命名为“苏公堤”。当地百姓更在苏公堤上建造苏公祠。宋室南渡，定都杭州后，苏堤渐渐成为西湖的繁华之地。当时苏堤上的景点除六桥外，还有竹水院、旌德观、先贤堂、湖山堂、三贤堂等一大批建筑。

元代，“苏堤春晓”一景风光如昔，是游湖者必到之处。特别是春天，这里风光秀丽如画，游人如织。人们在此尽情地欣赏西湖的迷人景色，杨柳芭蕉，白鹭荷花。达官贵人更是流连于此，日日宴饮歌舞。

明初，苏堤因岁久得不到及时整修，在西湖水的日渐侵蚀下损坏严重。明成化以前，西里湖已全部成为民间的产业，六桥下水流成线，看不到往日的美丽景象。为此，正德三年（1508），郡守杨孟瑛加以治理，将其加高到2丈，宽5.3丈，并在堤上种植杨柳，于是苏堤恢复旧时景观。但不久后，因虫害等影响，柳树不断病死枯败，稀稀落落，堤亦逐渐损毁。至嘉靖十二年（1533），知县王钦下令，让那些犯下小罪的犯人可以通过在苏堤上种植桃树或柳树而减轻罪责。自此以后，苏堤上又呈现出红翠烂盈、灿如锦带的美丽景象。于是，一些好事者又将此堤称为“王堤”。其后，因为兵火，堤上的桃、柳等被砍伐殆尽。万历二年（1574），盐运使朱炳如在堤上种植杨柳。至崇祯初年，堤上树皆合抱，景色再次灿然。苏堤春晓也再次成为“西湖十景”之首。明代织造太监孙隆对苏堤的保护作出重要贡献。明高攀龙在《武林游记》中写道：“堤为中贵孙隆新葺。旧堤所植惟桃柳，孙复集植诸卉甚整。堤界于内外湖中，两湖之胜俱掇之矣。是时雨丝阴蒙，水烟笼树，远山层叠，浓淡相间。内湖荷香袭人，游人歌吹与点点渔舟错落。左右瞻眺，怳然自失。”

从这段记载可知，苏堤上的植物原本以桃、柳为主，而孙隆则在堤上增植许多奇花异卉，使苏堤在桃红柳绿之外，又多了黄、白、蓝等色彩的花草，更显得姹紫嫣红。

清初，“苏堤春晓”景区因年久失修，呈现出“外六桥头杨柳尽，里六桥头树干稀”的衰败凄凉景象。康熙三十八年（1699），康熙帝第三次南巡驻跸杭州，逐一品题“西湖十景”。其中御题“苏堤春晓”为“西湖十景”之首，康熙帝为十景题字后，浙江地方官吏先后将御笔所书景名刻石立碑，建亭恭护。雍正四年（1726），浙江总督李卫鉴于苏堤向来受到湖水啮蚀，基址日削，遂将所浚的西湖葑泥堆积在苏堤上面，比过去分别增高三尺，扩宽尺许，视白堤加倍。雍正八年（1730），在望山桥的南面建康熙御书“苏堤春晓”碑亭，因亭子简陋，遂改建为岑楼，增筑堤岸，补植桃柳花木，建造曙霞亭于楼后。民国初年，苏堤春晓一景因年久失修，已经到生死关头。苏堤上的桃柳鲜有留存，最多的植物是桑树。当时，游客往往是慕名而来，失望而归。为此，杭州市政力图改变苏堤的现状，对苏堤景区进行建设。包括加宽堤身，中间铺设水泥路，路两边种上花草树木，并加筑亭阁等。为便于汽车行驶，堤上星罗棋布的石亭、石桥、石阶等基本上被拆除，改成沥青浇灌的平坡。

日本侵略军侵占杭州后，西湖文物古迹失修，庄园别墅废弃。苏堤同样难逃厄运，日本侵略军将苏堤上的杨柳和桃树砍伐后，改种上日本的樱花，从而毁坏了苏堤自古以来“隔株杨柳隔株桃”的传统景观。

中华人民共和国成立后，政府继续对苏堤进行整治，先后进行浇铺柏油路面，修建亭榭，搭建花架、花廊，全堤装置装饰路灯等工程。此后，随着西湖综合保护工程及申遗整治工程的开展，拆除了苏堤上不符合传统审美的三个大花坛，增加苏堤两侧桃树、柳树的数量。西湖申遗成功后，按照世界遗产保护真实性、完整性的要求，苏堤景观持续得到提升，更新了桃柳等树木和花卉。如今的苏堤，已成为融美观性、文化性、舒适性为一体的西湖热门景点（图4-4）。

第二节　一池三山

“一池三山”是中国古代神话传说中的典型意象，后来逐步成为中国园林设计中的典型模式。“一池”指太液池，“三山”指神话中东海里的蓬莱、方丈、瀛洲三座仙山，在这三座山上有仙人居住，长生不老。在唐代，西湖尚未有人工岛屿，白居易曾作诗“到岸请君回首望，蓬莱宫在海中央”，将西湖中的天然岛屿孤山形容为蓬莱，岛上孤山寺形容为蓬莱仙山上的宫殿。随着小瀛洲、湖心亭和阮公墩的相继修建，湖山三岛正契合了“一池三山”的园林设计模式（图4-5）。

图 4-4 苏堤景致（摄影：林俊乔）

图 4-5 湖中仙岛（摄影：倪小蒙）

一、小瀛洲

小瀛洲位于西湖中部偏南，距南岸约500米，全岛连水面在内面积约7万平方米，南北有曲桥相通，东西以土堤相连，桥堤呈“十”字形交叉，将岛上水面一分为四，水面外围是环形堤埂。从空中俯瞰，岛上陆地形如一个特大的“田”字，呈现出湖中有岛，岛中有湖，水景称胜的特色，在西湖十景中独具一格，为我国江南水上园林的经典之作（图4-6）。

图 4-6 小瀛洲（摄影：孙小明）

北宋词家秦观《送僧归保宁》诗中有句云："西湖环岸皆招提，楼阁晦明如卧披。保宁复在最佳处，水光四合无端倪。车尘不来马足断，时有海月相因依。"可知岛上赏月由来已久。明万历三十五年（1607），钱塘县令聂心汤取湖中葑泥在岛周围筑堤坝，初成湖中湖，作为放生之所。万历三十九年（1611），钱塘县令杨万里在岛南湖中建造三座瓶形小石塔，称为"三潭"。清雍正五年（1727），浙江总督李卫又加以经营，筑土堤横贯东西，架曲桥于渔沼之上贯通南北，池中种植荷花、睡莲，环池广植木芙蓉，即为"西湖十八景"之"鱼沼秋蓉"（图4-7）。并在岛上建亭、台、楼、阁，从此形

图 4-7　鱼沼秋蓉（摄影：孙小明）

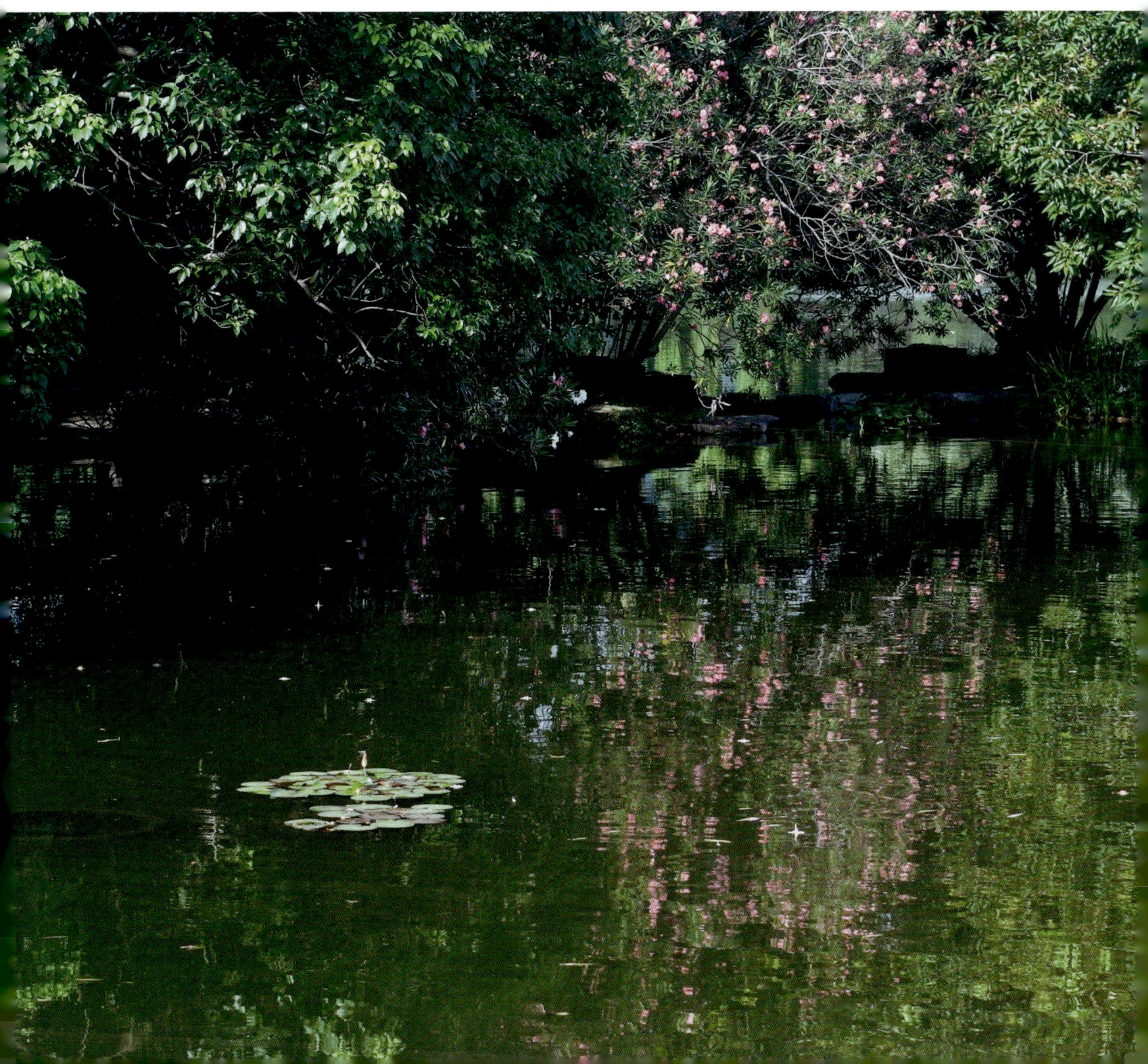

成了三潭印月小瀛洲的田字形框架的基本格局。光绪六年（1880），彭玉麟建岛中部的迎翠轩，又在岛南部建造退省庵、闲放台、一寄楼等。先贤祠往南为九曲桥。九曲桥连接南北，共九转三回三十个湾，它起了扩大空间、延长游程、引人渐入佳境的作用。在迂回多变的曲桥上，随不同的方向和角度布置了三角形造型的开网亭，建亭于桥上的“亭亭亭”等，水中则点缀有九狮石（图4-8）。九曲桥往南则有卍字亭、“曲径通幽”、闲放台、南舒亭、迎翠轩、花鸟厅、御碑亭、我心相印亭等。

中华人民共和国成立后，相关部门加固岛岸，驳自然式湖坎，辟建金鱼池，整修了先贤祠、卍字亭、迎翠轩、花鸟厅、御碑亭、我心相印亭等，进一步发掘人文历史景观。适量增添了四季花木，疏理林下灌木及地被层，增添岛上的花卉植物种类，在内湖广植优雅的水生湿生植物，使岛上花卉色彩鲜明，植物景观丰富。

图 4-8 小瀛洲景致（摄影：孙小明）

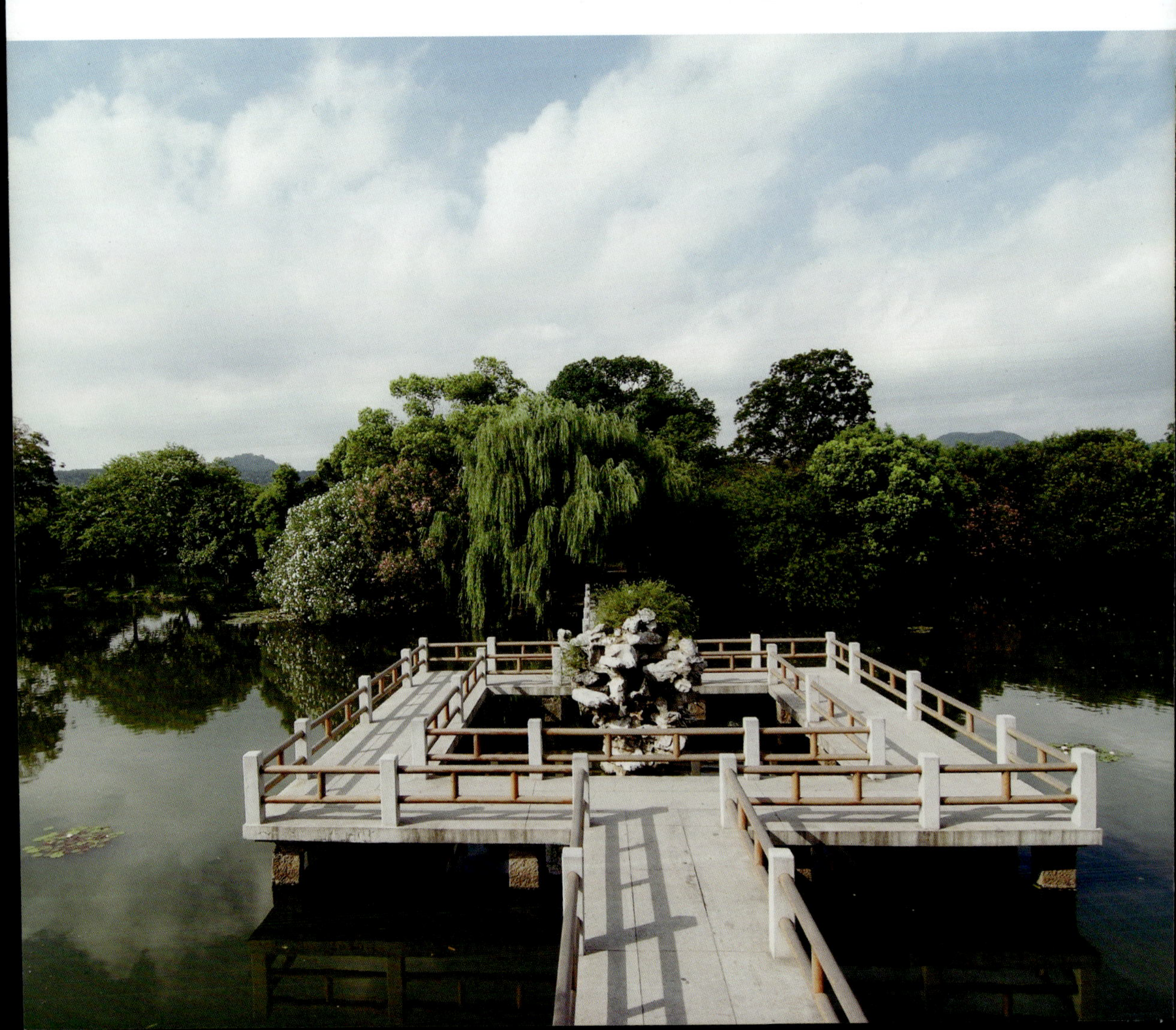

二、湖心亭

湖心亭位于西湖外湖之中，全岛面积约5000平方米。明嘉靖三十年（1551），杭州知府孙孟用疏浚西湖的淤泥加以拓展，广植花木，增设石栏，建“振鹭亭”，逐成规模。明万历年间，又进行重建，改名“太虚一点”。明万历十七年（1589），孙隆扩大该岛基址，四周石砌驳岸，上植桃柳，重建亭，改名为喜清阁，时人史称湖心亭。清雍正年间，李卫对湖心亭重加修葺，题为西湖十八景之一的“湖心平眺”。民国时期，岛中院落东端改为石牌坊，岛屿面积扩大，南北向加长（图4-9）。

中华人民共和国成立之后，相关机构对湖心亭进行了多次修整。经过对沿湖原有建筑布局及有碍观景植物的调整，恢复了“湖心平眺”景观。位于岛中的“太虚一点”

图 4-9　湖心亭（摄影：倪小蒙）

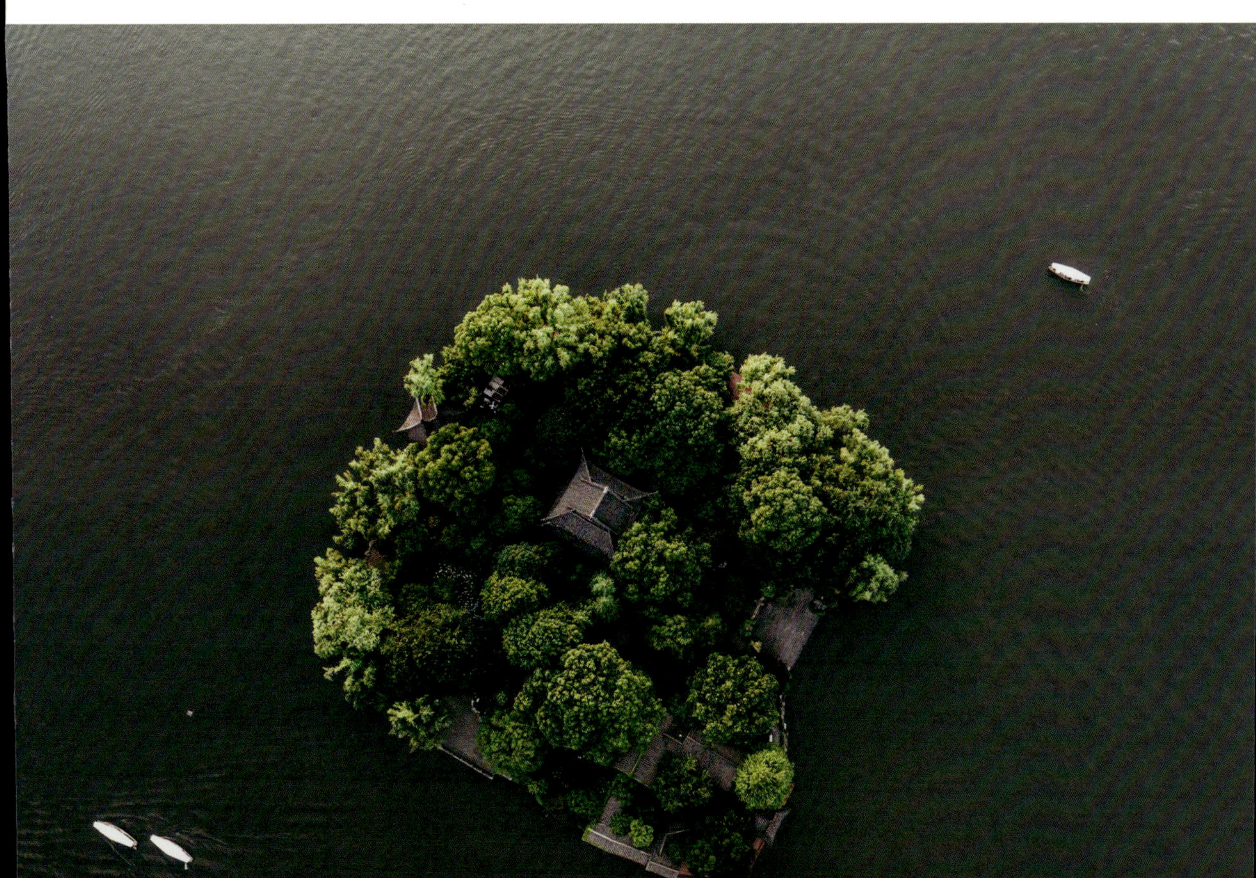

（即喜清阁）显得更加端庄古朴。岛上还重立了相传为乾隆皇帝所题的“风月无边”御碑，在旁边有文字小记说明此碑的由来及典故，为湖心亭增添了浓浓的历史人文意蕴。

湖心亭景观的审美主要围绕白天观赏时水中亭岛给人仙境般的缥缈感受，以及夜晚游赏时空旷平静的夜空和湖面引发的心性的净化升华。明人张岱则为我们留下了描写雪夜湖心亭的传世绝作《湖心亭看雪》：“大雪三日，湖中人鸟声俱绝。是日更定矣，余拏一小舟，拥毳衣炉火，独往湖心亭看雪。雾凇沆砀，天与云与山与水，上下一白。湖上影子，唯长堤一痕、湖心亭一点，与余舟一芥，舟中人两三粒而已。”

三、阮公墩

阮公墩，在西湖外湖中，位于湖心亭西，面积5700平方米。清嘉庆五年（1800），浙江巡抚阮元疏浚西湖时以所挖湖泥堆叠而成，这也标志着杭州西湖景观“两堤三岛”整体格局的最终形成。《西泠怀古集》阮元的序中，谈及筑阮公墩的缘由和经过：“北山至南山，相距十里，湖面空旷。三潭以南，遇风作，无处停泊。适浚西湖，因仿东坡公筑堤之法，绩葑为墩，为游人舣舟之所。郡人植芙蓉其上，呼为阮公墩，以比安石东山，则余不敢当也。”

阮元（1764—1849），字伯元，号芸台，江苏仪征人。嘉庆道光时期名臣，他不仅从政颇有政绩，且以名作家、刊刻家、思想家著称于世，在学术上作出了不可磨灭的贡献，前人赞其“身经乾嘉文物鼎盛之时，主持风会数十年，海内学者奉为山斗焉”。阮元在浙江任职先后达12年，曾任督学浙江、两度出任浙江巡抚，在杭州做了不少利民的好事，如疏浚西湖，修筑海塘，创办书院、图书馆，建白公祠、苏公祠，重修岳庙，组织学者著书立说，整理古籍等，对推进浙江杭州学术研究和文化教育起到了积极作用，为保护西湖的名胜古迹作出贡献。

阮公墩建成后因泥土松软，难以建造园林设施。清彭玉麟解甲归田，卜居杭州时，拟在岛上建别业，曾和他的姻亲俞樾亲自登岛察看，当以撑船竹篙戳地时，竹篙应手而入，不禁叹曰：真“软”（阮）公墩也。遂作罢，一时传为趣谈。但阮公墩上，绿树繁茂，景色迷人，远远望去，郁郁葱葱，就像一块碧玉漂浮在湖面上，一直保持着自然的生态，罕有人至，成了水鸟们栖息的天堂。

1981年，岛上建成了竹结构茅舍形成的“环碧小筑”院落，树木围合，形成“小洲林中有人家”的意境。岛上绿树成荫，清逸幽静，小小岛屿，漂浮于粼粼碧波之上，遮掩在花木丛中，犹如碧玉盘中一颗晶莹的翡翠。“阮墩环碧”景名即由此而来，为西湖新十景之一（图4-10）。

2000年以后，有关部门对阮公墩重新进行修缮整治。经过修整原有建筑和绿化调整，如今的阮公墩竹篱茅屋，清逸幽静，野趣横生，成为三岛之中的“生态岛”。2016年，经过多方面的考量和规划，对阮公墩进行了重新定位。对岛上建筑和环境进行修缮和整治的同时，为纪念阮元对浙江文化发展、保留古代文籍及治理西湖的功绩，将主体建筑“云水居”辟为阮元陈列室。通过阮元的书法作品、书信、手札及各界名流对其的客观评价，全面展现了阮元清廉从政、严谨治学的一生。

图 4-10　阮墩环碧（摄影：孙小明）

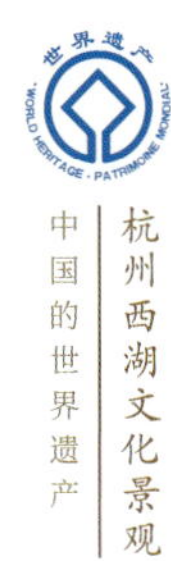

第五章　西湖十景

通常所说的“西湖十景”是指南宋时期形成的十景，通行的版本为“苏堤春晓、曲院风荷、平湖秋月、断桥残雪、花港观鱼、柳浪闻莺、三潭印月、双峰插云、雷峰夕照、南屏晚钟”。“西湖十景”，包含了在不同季节、不同时段所欣赏到的西湖美景，也

包含欣赏者在视觉、听觉等不同感官方面所感受到的西湖韵味，其中蕴含了艺术家的独特匠心，是画家、诗人的一套关于西湖景观审美的系统化构建。按照道家哲学观念，“动静相宜”是中国传统审美的一个重要特征，从“西湖十景”的景点要素来看，其中既包含花飞鱼跃、生机勃勃的动态的一面，也包含月色宜人、充满禅意的静谧的一面，动静结合，动静相宜，极具东方审美意境。“西湖十景”在世界享有广泛的知名度，对中国其他地区和东亚地区的景观设计产生了深远影响（图5-1）。

图 5-1 ［明］蓝瑛《西湖十景图》

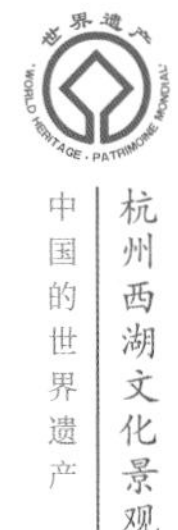

第一节　“西湖十景”的形成与发展

一、“西湖十景”的产生

“西湖十景”的名目，形成于南宋后期。最早记载于宋人祝穆《方舆胜览》卷一：“西湖，在州西，周回三十里。其涧出诸涧泉，山川秀发。四时画舫遨游，歌鼓之声不绝。好事者尝命十题，有曰：‘平湖秋月、苏堤春晓、断桥残雪、雷峰落照、南屏晚钟、麯院风荷、花港观鱼、柳浪闻莺、三潭印月、两峰插云。’”

“西湖十景”的形成与南宋绘画艺术、诗词文学创作有很大关联。南宋宫廷画师创作西湖画，给作品题写富有诗意的四字题目，即所谓“四字景目”。在画家创作的同时，诗人和词人们也创作了大量关于西湖风景的诗词作品，与“西湖十景”画作相呼应，经过画家和诗人们的反复提炼品赏，在众多经品定的景观中最终产生了十个最能代表西湖特色的景观。清人陈文述《西泠怀古集》卷六《西湖十景怀王洧、陈允平》提出：“西湖十景，始于马远水墨之画，人称‘马一角’。僧若芬画之传世者，有《西湖十景图》，即祝穆《方舆胜览》所载也。嗣是，陈清波、马麟又为十景写图，王洧题以十诗，陈允平题以十词，十景之名遂相传至今。”清人翟灏、翟瀚在《湖山遍览》中也有类似的观念：“考凡四字景目，例起画家，景皆先画而后命意。”

十个景名在历史中发生了一些细小的变化，最终形成了被大众所接受的版本，即“苏堤春晓、曲院风荷、平湖秋月、断桥残雪、花港观鱼、柳浪闻莺、三潭印月、双峰插云、雷峰夕照、南屏晚钟”。

二、“西湖十景”的发展

南宋的“西湖十景”之说，到元代已相当流行，并被视作西湖景致的集中表现。当时的诗人尹廷高就有《西湖十咏》之作。此外，著名诗人萨都剌也作有《西湖十景词》，可惜没有流传下来。曲家王举之《折桂令·怀钱塘》（双调）中曾提及“西湖十景”中的两景：“记湖山堂上春行，花港观鱼，柳巷闻莺。”（图5-2）

图 5-2 雾中花港（杭州西湖风景名胜区管理委员会提供）

明代“西湖十景”略有恢复。当时的文人对景名提出自己的看法。夏时《湖山胜概记》改称南宋“平湖秋月”为“平湖秋水”，程希尧《文园漫语》改称南宋“雷峰落照”为“雷坛夕照”，班惟志改称南宋“双峰插云”为“两峰插汉”，毛良《无声戏》又作“两峰出云”，又以“断桥残雪”为“孤山雪梅”。

在“西湖十景”乃至西湖的发展史上，清代康熙、乾隆两位帝王留下了浓墨重彩的一笔。清初，江南的抗清活动时有发生，加之这一区域经济繁盛由来已久，是国家经济命脉之所在，故康熙、雍正、乾隆三帝对江南地区格外重视。在此背景之下，康熙帝玄烨自康熙二十三年（1684）开始了南巡活动，前后六次，除第一次到达江宁（南京）之后北返外，其后五次均来到了杭州。

康熙二十八年（1689）二月，康熙首次来到杭州，驻跸城内行宫（今后市街附近）。在杭期间，他遍览西湖名胜，灵隐、净慈、虎跑、云栖等地均留下他的足迹。十年之后，康熙三十八年（1699），康熙帝再次来杭，这一次他亲题了“西湖十景”的景名。与《方舆胜览》相比，略有几处改动：“苏堤春晓、曲院风荷、平湖秋月、断桥残雪、花港观鱼、柳浪闻莺、三潭印月、双峰插云、雷峰夕照、南屏晓钟”。

康熙亲题十景之后，浙江地方官即将御笔所书的景名刻石立碑，建亭加以保

护，这就是今天我们所看到的御碑和御碑亭（图5-3）的由来。

乾隆帝于乾隆十六年（1751）首次南巡杭州，其后又五次来杭。首次来杭，乾隆就遍游西湖，还亲题了“西湖十景”诗。

经康、乾的数次南巡，西湖的许多景观得到了恢复，重现了往日风姿。而“西湖十景”经过祖孙两帝的题名题诗，使得南宋西湖十景不但得到了恢复，而且通过修造院落、建亭立碑，明确了具体的景址。加之封建帝王的影响力，“西湖十景”一时声名远播，被海内外诸多园林设计所竞相模仿。

康、乾二帝对西湖的影响远远不止“西湖十景”。再加上康、乾之间在位十三年的雍正帝，这三位帝王对西湖的影响是全方位的。

康熙第一次来杭州时，曾作诗一首，在诗序中说：“宋臣苏轼开湖溉田，筑堤蓄水，杭民利之，当政者不当如是乎？”这鼓励地方官加强了对西湖的疏浚，自康熙起经雍正、乾隆、嘉庆、道光，西湖的疏浚一直延续不断。因为康熙皇帝的到来，孤山行

图 5-3　南屏晚钟御碑亭（摄影：韩盛）

宫（图5-4）也修建起来了，西湖周边分布的众多寺庙也得到了整修。

雍正未曾到过杭州，但他在位期间对西湖的治理也格外重视。雍正帝的宠臣李卫任职浙江期间，对西湖加以悉心疏浚，增修了鱼沼秋蓉、功德崇坊、亭湾骑射、蕉石鸣琴、宝石凤亭等众多景观。灵隐寺、岳飞庙、开化寺、虎跑寺等古迹也在雍正年间得到重修。雍正还下旨把孤山行宫改为圣因寺，成为西湖边四大丛林之一。雍正还命李卫编纂了《西湖志》，成为后世研究西湖的重要文本。

乾隆帝来杭州6次，为杭州所作的诗近300首，提升了西湖诸多名胜的文化内涵和知名度。乾隆还在圣因寺西边重新修建了行宫，御题了行宫八景，每一景都有题诗。在《四库全书》编成之后，乾隆认为浙江地区为人文渊薮，下旨在孤山修建文澜阁来存放《四库全书》，方便浙江学子就近阅览。此外，在文教方面，乾隆还对西湖周边的敷文、崇文等书院加以扶持，大大提升了这些书院的地位，引领了浙江的人文风气。

图 5-4　孤山雪景（杭州西湖风景名胜区管理委员会提供）

第二节 “西湖十景”释读

一、苏堤春晓

“苏堤春晓”因苏堤而得名，为“西湖十景”之首。宋代苏堤“相去数里，横跨南北两山，夹植花柳”。堤上有映波、锁澜、望山、压堤、东浦、跨虹六座桥，桥上建有九座亭子，是游人玩赏驻足之地。宋室南渡后，苏堤好像市集一样，歌舞丛集，骑马的、

图 5-5 苏堤春晓（杭州西湖风景名胜区管理委员会提供）

坐船的游客日夜不息，已成为“油壁青骢，往来最盛”的繁华景地。此外，南宋统治者又在这里建有先贤堂、三贤堂、湖山堂等景点，一时园林茂盛，景色如画，四时不同，晨昏各异，时人美称为“苏堤春晓”。刘松年《西湖春晓图》画苏堤一景，画中有一楼阁，高耸壮丽，重檐飞脊，轩窗四开。

“苏堤春晓”题名，景在“堤”上，“春”“晓”两字则道出赏景的良辰。每当阳春三月之时，桃红柳绿，群鸟和鸣，一派春光明媚的景色，令游人心旷神怡，陶醉其中（图5-5）。如果在晓雾未散之时来此游览，只见六桥烟柳笼纱，飞英蘸波，纷披掩映，如列锦铺绣，实为湖中最胜处。此外，“苏堤春晓”还有一层更深的寓意：“一年之计在于春，一日之计在于晨。”春天是播种的季节，而清晨又是万物苏醒之时。“春

晓”两字不仅悦人耳目，而且给人憧憬，促人奋进，遂成著名的“西湖十景”春景题名（图5-6）。

“苏堤春晓”景点包括苏堤和六桥、“苏堤春晓”御碑及碑亭、御书楼遗址等建筑物和构筑物，以及桃柳间种等传统植物与种植方式。

二、曲院风荷

“曲院风荷”最早位于九里松的行春桥旁。南宋时，这里建有一座酿造官酒的麯院。麯院内有一个面积较大的莲塘，种植着许多荷花。每当夏日之时，花香与酒香随风飘荡，令人暑气顿消，精神倍爽，被称“麯院荷风”。周文璞《曲坊》诗云：“曲坊才尽上湖船，笑问云山欠酒钱。两行柳丝黄不断，不知身在御园边。”张矩《应天长·曲院荷风》词曰：“换桥渡舫，添柳护堤，坡仙题欠今续。四面水窗如染，香波酿春麴。田田处，成暗绿。正万羽、背风斜矗。乱鸥去，不信双鸳，午睡犹熟。还记涌金楼，共抚雕阑，低度浣沙曲。自与故人轻别，荣枯换凉燠。亭亭影，惊艳目。忍到手、又成轻触。悄无语，独捻花须，心事曾卜。”（图5-7）

图 5-6　苏堤春晓御碑亭（摄影：韩盛）

图 5-7 曲院风荷（摄影：于广明）

◤ 图 5-8 曲院风荷环视（摄影：孙小明）

南宋以后，麯院逐渐废弃。清康熙三十八年（1699），康熙帝南巡杭州，品题西湖十景，改“麯院荷风”为“麯院风荷”。浙江官员遂在跨虹桥之西建御碑亭、御书楼，另有迎薰阁和望春楼，平临湖面，环植荷花，极一时之盛。至中华人民共和国成立前，“曲院风荷”只有半亩地和一个碑亭，周围是零乱破旧的建筑。中华人民共和国成立后，杭州有关部门决定对其进行大规模的扩建。如今，经多次改造的“曲院风荷”公园已经成为一个以荷文化、酒文化为主题的大型园林，分为岳湖、竹素园、风荷、曲院、滨湖密林区、郭庄六个景区，园内亭、台、楼、榭布局典雅，荷花池面约占2.53万平方米，栽培荷花200多个品种，包括红莲、白莲、重台莲、洒金莲、并蒂莲等珍稀名贵品种，成为中国负有盛名的赏荷佳地（图5-8）。

“曲院风荷”题名，景在“院”“荷”，意在“风”字，可谓虚实结合。正是在风里，才有醉人的荷香与酒香，才能尽显荷塘的妩媚多姿，才能展现“六月荷花香满湖，红衣绿扇映清波”的意境。春夏花时，香风拂拂，水波不兴，绿盖红衣，亦是湖边胜处。游人漫步临池曲廊，荷香扑面，沁人心脾，不饮自醉，化人烦忧。一方荷塘，香满西湖，是虚实相生营造出来的美，遂成著名的“西湖十景”夏景题名（图5-9）。

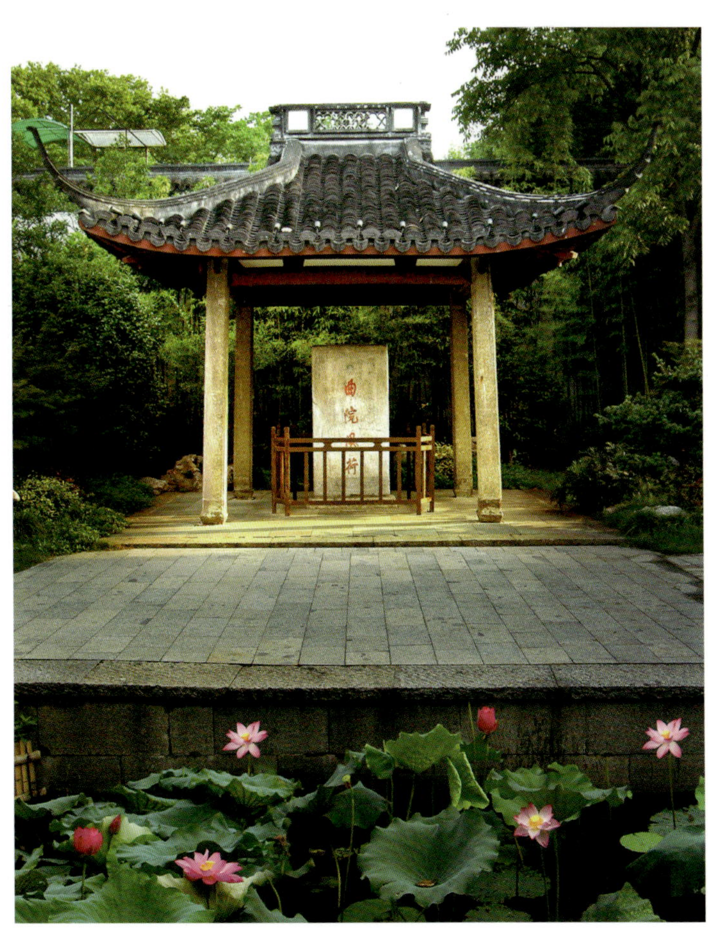

图 5-9
曲院风荷御碑亭（摄影：韩盛）

“曲院风荷”中的重要景点还有金沙堤与玉带桥，二者构成了清代形成的“玉带晴虹”题名景观（图5-10）。金沙堤始筑于南宋淳祐年间，清雍正九年（1731），浙江总督李卫重筑。堤东起苏堤东浦桥，西至西湖西岸，是苏堤以西水域岳湖、西里湖的分界线。堤体为西湖清淤泥堆筑而成，以自然块石砌筑驳岸，长约390米、宽10～40米不等，高出水面约0.4米。

图 5-10 玉带晴虹（摄影：孙小明）

玉带桥始建于清雍正九年（1731），位于金沙堤中段，供岳湖和西里湖间船只通行，桥身设三洞以泄水，状如带环，故名玉带，“清十八景”有“玉带晴虹”。现玉带桥保存清代形制，为三跨梁柱式石桥。玉带桥上建有桥亭，为清代风格的重檐歇山顶混凝土亭，青瓦红柱，形态轻盈（图5-11）。

图 5-11　玉带桥残荷景致（摄影：韩盛）

三、平湖秋月

历史上，西湖观赏秋月的最佳处之一为始建于唐代的望湖亭。望湖亭位于白堤西端的终点处，据全湖之胜，若纵目四望，可将整个外湖景色尽收眼底。在湖石假山间，遍植红枫、石榴、丹桂、紫薇等花木，掩映着亭、楼、厅、榭，极富诗情画意。唐白居易《湖亭晚归》诗云：“尽日湖亭卧，心闲事亦稀。起因残醉醒，坐待晚凉归。松雨飘藤帽，江风透葛衣。柳堤行不厌，沙软絮霏霏。”南宋末年的画家和诗人们亦多以“平湖秋月”作画题诗（图5-12）。

图 5-12 平湖秋月(摄影:袁建晨)

元末明初，高得旸、凌云翰两人将“平湖秋月”一景改名为“西湖夜月”，并将其列入“钱塘十景”之中。从景名来看，其范围更大，因为西湖赏月的去处较多，除望湖亭外，还有湖中三潭、船上、孤山等。明代，望湖亭被移至孤山路口，即今“平湖秋月”处。季婴《西湖手镜》写道：“四空玲珑，夏饮最快。至若清秋静夜，月印平湖，万顷琉璃，水天一色。”望湖亭后圮。清康熙三十八年（1699），康熙帝巡幸西湖，御书“平湖秋月”，浙江有关官员遂在望湖楼旧址建“平湖秋月”亭。前为石台，三面临水，上悬御书“平湖秋月”匾额，旁构水轩、曲栏、画槛。乾隆十六年（1751）春，乾隆帝南巡，又御制“平湖秋月”诗。

民国时，筑圣因闸至西泠桥北堍的白公路，亭址在白公路和孤山东路交接处，乃在其东、西、北三边广植花木，发展为“平湖秋月”公园。

1950年，杭州市修复“平湖秋月”景点。1959年，杭州市园林管理部门将“平湖秋月”风景区由200平方米扩大为5900平方米。当时由于“平湖秋月”地形狭小，游客无法在此停留休憩，西面的罗苑原为浙江大学、浙江农学院职工宿舍，有高墙相隔，与西湖不相通透。于是将罗苑与“平湖秋月”相并，使其作为“平湖秋月”的一部分，使游人从孤山可透视湖面。1980年，景点重新修复。在西湖申遗整治工程中，“平湖秋月”景区修建围墙，恢复了一碑、一亭、一楼、一院的围合式传统格局（图5-13）。

图 5-13 西湖夜月（杭州西湖风景名胜区管理委员会提供）

四、断桥残雪

断桥相传始建于唐代，桥体历代维修，现为单孔石拱桥，拱形半圆，条石砌筑，拱顶石上有“段家桥”字样。桥面为坡面，沥青铺面。桥长8.8米，宽8.6米，单孔净跨6.1米。断桥一名段桥、段家桥，又有宝祐桥、短桥、孤山桥等称呼。南宋咸淳年间，断桥一带景色美丽，山色水光，烟树楼台，另有一种幽胜。赵汝苋《梦江南》词说：“萧闲处，磨尽少年豪。昨梦醉来骑白鹿，满湖春水段家桥。濯发听吹箫。”这短短几十个字，就写出神话般的境界。文人士大夫相继歌咏断桥美景，画家们也纷纷拿起画笔以“断桥残雪”作画，如南宋四大画家之一的刘松年就曾画有《断桥残雪》三幅。

“断桥残雪”题名，景在“雪”上，意在“残”中，致使爱雪者动惋惜之情，望春者生欢愉之感。断桥处于北里湖和外湖的分水点，视野开阔，是冬季观赏西湖雪景的绝佳之处。每当严冬，大雪飞舞，葛岭东西都变成琼林瑶树，晶莹朗澈。环湖诸山雪景，犹如玉琢银镂般，分外妖娆，美不胜收，使伫立桥头的游人陶醉不已。向阳桥坡的冰雪先一步融化，背阴桥坡则依然白雪皑皑，颇得“桥断”“雪残”之实景意象。游人轻步画桥，不啻人在玉山上行，恐踏碎琼瑶之忐忑踌躇，沁人心脾，遂成著名的“西湖十景”冬景题名（图5-14）。

图 5-14　断桥残雪（摄影：于广明）

至明代，文人则对断桥赏雪有了新的解释和体验。张岱《西湖梦寻》卷三《西湖中路》载："十锦塘，一名孙堤，在断桥下。司礼太监孙隆于万历十七年修筑。堤阔二丈，遍植桃柳，一如苏堤。岁月既多，树皆合抱。行其下者，枝叶扶苏，漏下月光，碎如残雪。意向言'断桥残雪'，或言月影也。"

清代断桥曾风光一时。康熙三十八年（1699），康熙帝巡幸西湖，御题"断桥残雪"。康熙四十一年（1702），浙江地方官员在断桥上建造"断桥残雪"亭，奉悬康熙帝御书匾额，复恭摹勒石建御碑亭于桥北。清代杭州民间还流传着一个广为人知的神话故事《白蛇传》，其中有两个主要情节都以断桥为叙述的场景地，一是白蛇借伞，一是断桥相会，这也赋予了"断桥残雪"景观以爱情意涵。

五、花港观鱼

"花港观鱼"最早位于西湖西南角大麦岭一带。花港，源自花家山，出苏堤第三桥下。古代这里因为距城较远，极具野趣，溪边两侧的茅屋里居住着众多的渔民，靠打鱼为生。诸璧《发花港》诗云："杨柳垂垂绿影斜，溪边茅屋尽渔家。西湖处处栽桃李，花港如何不种花。"南宋时，京城中的达官贵人开始在这一带建筑园林别墅。据周密《武林旧事》卷五《湖山胜概》所载，内侍卢允升在西湖西南角大麦岭、今"花港观鱼"公园附近建造花园别墅，时人称为"卢园"。园内花木扶疏，景物奇秀，凿池甃石，水洌而深。卢允升引花家山溪水入内为池，在池中蓄养数十种奇异的鱼类，成为当时西湖的一大景观，人称"花港观鱼"。

"花港观鱼"题名，景在"花""鱼"，意在景外，尽显春夏秋冬、朝昏晴雨皆宜欣赏之全景。"花港观鱼"的景观有别于"苏堤春晓"、"断桥残雪"，而是崇尚园林式的"景外有景"，即西湖为外景，园林为内景。园内倚山临水，高低错落，渗透着诗情画意，继承和发展了中国园林艺术的优秀传统。山与港（小溪）、花与鱼浑然一体，形影不离。诚如清代许承祖诗："就中只觉游鱼乐，我亦忘机乐似鱼。"将欣赏主体内心情感寄托于客观景物之中，进而营造一种情景交融、物我相依的超然意境。

清康熙三十八年（1699），康熙帝驾幸西湖，御题"花港观鱼"。当地官员在苏堤一桥、二桥之间建"花港观鱼"亭，恭摹"花港观鱼"匾额勒石于此（图5-15）。后来乾隆帝游历西湖时，对此景产生好感而题诗："花家山下流花港，花著鱼身鱼嘬花。"诗作题刻于碑阴，亭后有高轩。但到清末，不少文人商贾在周边兴建别墅，水脉迁徙，楼亭倾圮，竟成喧宾夺主之势。民国时，花港游人罕到，鱼亦不多。

中华人民共和国成立前，“花港观鱼”公园园地狭小，仅占地0.2万平方米，园内无花、无港、无鱼，只有一池、一碑。1952年，杭州市政府决定在此处建造大型公园，其后又多次改造提升。今日“花港观鱼”与西湖杨公堤景区相毗邻，是一座占地30万平方米的大型公园，内有鱼池古迹、红鱼池、牡丹园、新花港、大草坪、密林地和红栎山庄等多个景区。

图 5-15　花港观鱼御碑亭（摄影：倪小蒙）

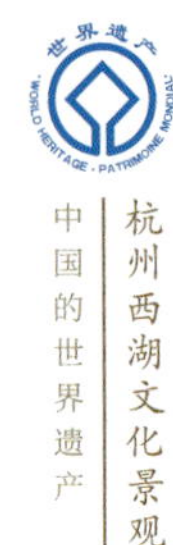

六、柳浪闻莺

“柳浪闻莺”位于清波门外聚景园内柳浪桥一带。南宋时，统治者在御花园——聚景园中种植许多杨柳树。因此，每当春时，翠绿的柳丝随着清风翻滚，犹如大海中的波浪；美丽的黄莺在柳树上婉转鸣叫，悦耳动听，故有“柳浪闻莺”之称。

“柳浪闻莺”题名，景在“柳”“莺”，意在“浪”“闻”，题写的是动态之美。柳枝柔软，柳丛团簇，柳性喜舞，因风摇曳，犹如碧浪起伏。莺，体小喜鸣，常匿于柳丛中啼叫，“深黄一点，巧舌千声”，给人以听觉之美。从“莺啼”到“闻莺”，更把欣赏主体引入景题之中，使柳、莺、人融为一体，让人顿生“莺在柳中啼”“人在画中游”的审美意境（图5-16）。

元代时，“柳浪闻莺”仍是知名的一景，诗人尹廷高《西湖十咏》中就有一首歌咏此景：“晴波淡淡树冥冥，乱掷金梭万缕青。应怪园林风景别，数声娅姹不堪听。”到明代中叶，当年蔚为大观的“柳浪闻莺”胜景，只剩下柳浪桥、华光亭两处破旧陈迹。清初，康熙皇帝南巡，地方官员加紧维修“柳浪闻莺”一景。此后，“柳浪闻莺”一带又逐渐破败，到1949年，仅存景名碑、石碑坊、石亭子和沙朴老树各一，表忠观旧屋一区以及祠前方塘两口。

1951年，杭州市在钱王祠北侧碑石近旁空旷地修建“柳浪闻莺”景碑、亭，周围补植花木，铺种草皮，整理钱王祠前两口池塘，栽植荷花，畜养金鱼，形成一片面积1万多平方米的绿地。其后，“柳浪闻莺”公园又经多次扩建。杭州在实施西湖综合保

图 5-16　柳浪闻莺（摄影：唐锋）

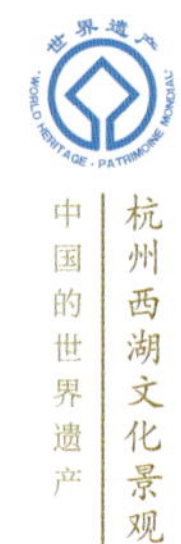

护工程中，对“柳浪闻莺”进行改造和整治。经过改造后的“柳浪闻莺”公园，环境通透，空旷开阔，草地如茵，四时花卉齐全，成为西湖热门景区。

七、三潭印月

北宋苏轼在疏浚西湖时，曾在湖中立有三个小石塔，以为标表。规定塔以内不许侵为菱荡，时称“西湖三塔”。又因其靠近苏堤，故又名“苏堤三塔”。这三个小石塔，高五六尺，形如葫芦，其中各有三孔通于外，鼎足立水中。形成“翠台如鼎，簇簇小浮屠”的景观。每当皓月当空，这里便会出现“月光映潭，分塔为三”的奇妙景色，人称“三潭印月”（图5-17）。

“三潭印月”题名属于秋天月色，绝妙之处是一个“印”字，动静相宜，发人遐想。月夜之时，皓月升空，塔影浮沉，无论湖中驾艇沿回，或在池上袖手闲步，均可濯浊念、消俗虑。如果放舟登潭，清影涵虚，冰壶浴玉，从三潭上倒映湖面，月光、水光交相辉映，月影、塔影融成一片，可谓“天上月一轮，湖中影成三”；若闲步岸边，看三塔的五个圆孔中恰巧有两孔相对，视线从中穿过，但见一片圆圆的水光，形成一幅众月交辉的美妙图画；在中秋佳节之际，塔里点灯烛，洞口蒙上薄纸，灯光从中透出，宛如十五个月亮倒映湖中，形成一幅奇妙的“印月”景观图，让人领悟到“烟笼寒水月笼沙”的情境。

明成化年间，原三塔毁废。万历年间浚湖时，又取葑泥在今“三潭印月”景址处

◤ 图 5-17　三潭印月（摄影：孙小明）

绕潭作梗，为放生池，形成湖中有湖之景，复在池外置三塔。三座石塔呈等边三角形鼎立于水中，两塔之间各相距62米，石塔高2米（指露出水面部分），塔基系扁圆石座，塔身呈圆球形，球内中空玲珑，球壁上有五个小圆孔，外饰浮雕花纹图案，塔顶呈葫芦形，造型优美，成了点缀湖面的景观，也是西湖的标志性建筑物（图5-18）。

八、双峰插云

“双峰”指西湖南高峰、北高峰，南高峰在西湖西南，北高峰在西湖西北，相去5000余米。双峰遥遥相对，其间群山层峦叠嶂、蜿蜒盘结。宋时峰顶各有一座七级

图 5-18　夕阳下的石塔（摄影：孙小明）

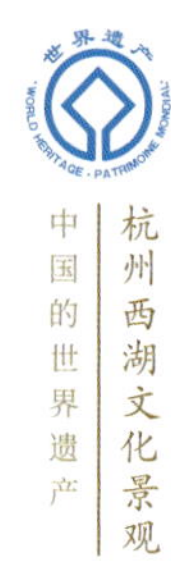

宝塔，列峙争雄。每当风云际会之时，两峰隐现于轻岚薄雾之中，微露顶尖，犹如插入云霄，故名。南宋祝穆《方舆胜览》、吴自牧《梦粱录》等书皆作“两峰插云”景名（图5-19）。

元时“双峰插云”仍是西湖的一大景观，时人多有赞美之辞：“一线苏堤，两点高峰，四面湖山”“九里松，二高峰，破白云一声烟寺钟”“南北高峰作镜台，十里湖光如镜开”“南北峰头春色多，湖山堂下来棹歌”，引发人们无限的遐思。

图 5-19　双峰插云（杭州西湖风景名胜区管理委员会提供）

清康熙三十八年（1699），康熙帝临幸西湖，御题十景，改“两峰”为“双峰”。每至春秋佳日，凭栏四望，俨如天门双阙，拔地撑霄，祥云缭绕，随风卷舒。钟毓龙《说杭州》第四章《说水·说西湖》中说：“本为湖中遥望之景，清初必欲求其地以立碑，乃之置行春桥畔。”清末，亭毁碑倾，淹没于杂草之中。

民国初年，因修筑灵隐路，迁碑于路北今址，并构亭加以保护。“十年动乱”期间，碑、亭皆毁，20世纪80年代初重建（图5-20）。

九、雷峰夕照

北宋开宝中，吴越国建雷峰塔。其时，每当夕阳西下，人们可以观赏火红的落日及塔影横空、烟光山色淡溟的景象，有一种苍茫落寞的境界，故名“雷峰夕照”（图5-21）。

“雷峰夕照”一景在元、明两代被人们视作西湖景致的集中表现。尹廷高有《雷峰夕照》一诗，诗中述道：“烟光山色淡溟蒙，千尺浮图兀倚空。湖上画船归欲尽，孤峰犹带夕阳红。”这里是游人登高远眺的地方，正所谓“雷峰塔畔登高望，见钱塘一派长江”。明聂大年有《西湖十景》诗，其中《雷峰夕照》诗云：“宜雨宜晴晚更宜，西湖端可比西施。霞穿楼阁红光绕，

图 5-20　双峰插云御碑亭（摄影：孙小明）

图 5-21 雷峰夕照（摄影：边伟虎）

云卷笙歌逸韵随。山紫翠中樵唱远，树苍黄外马归迟。何人解画潇湘景？并与渔村作二奇。”在他的眼中，西湖之景宜雨、宜晴，更宜晚。当夕阳西下，看雷峰之塔，霞色穿过楼阁，红光遍绕。在远山翠丛中，隐隐传来樵夫的歌声。这是一幅何等宁静的画面。与此同时，《白蛇传》的故事开始成型，迄今所知《白蛇传》最早的故事成型代表作是明天启四年（1624）冯梦龙编撰《警世通言》第二十八卷中的《白娘子永镇雷峰塔》，尤其是这一故事中法海禅师的四句偈言，即“西湖水干，江湖不起；雷峰塔倒，白蛇出世”，更是赋予了“雷峰夕照”这一景观以凄美的爱情文化意涵（图5-22）。

康熙三十八年（1699），康熙帝第二次驻跸杭州，将“雷峰夕照”改为“雷峰西照”。康熙帝题字后，浙江地方官吏将御笔所书景名刻石立碑，建亭恭护。但人们更为接受“雷峰夕照”，延续至今。

图 5-22 长桥（摄影：孙小明）

20世纪末，经专家论证，杭州市政府在发掘地宫、保护塔基古迹的前提下，在原址上重建雷峰塔。2002年金秋，复建的七级重檐雷峰塔又矗立于夕照山巅，依山临湖，蔚为大观。“雷峰夕照”景观重新回归“西湖十景”的行列。

十、南屏晚钟

“南屏晚钟”有可能是“西湖十景”中问世最早的景目。北宋末画家张择端就曾经画过《南屏晚钟图》。

每当苍烟暮霭、万籁归寂之时，南屏山麓抑扬动听的寺钟便开始响起，山谷皆应，久久回荡不散（图5-23）。这是因为该景点所在的南屏山山岭由石灰岩组成，山

图 5-23　撞钟（摄影：孙小明）

体多孔穴似音箱，山峰岩壁立若屏障，佛寺钟声每每响起，尤其是在晚间，由于空气尘粒增加、密度加大而使声波为其所迫，加上岩石、洞穴的空谷效应而使振幅急遽增大，以至形成共振；钟声以相同的振荡频率飞达湖对岸由岩浆岩构成的葛岭，由于晚间日光的消失使听觉效果加强而产生共鸣，回声迭起，响彻湖山，形成“南屏晚钟”这一著名胜景。

元代诗人尹廷高《西湖十咏》中就有《南屏晚钟》：“缥渺雷峰隔上方，数声风送到幽窗。柳昏花暝游人散，付与山僧带月撞。”清康熙三十八年（1699），康熙帝南巡至杭，逐一品题“西湖十景”，在品评此景时，他认为夜气方清，天籁俱寂，钟声乍起，响遏行云，足致人深省，故将此景中之“晚”易为“晓”，题匾悬挂于净慈寺前新建的书楼，复于万工池北勒石摹刻，并建碑亭置放。然人们均喜日暮钟响的意境，杭人依旧用“南屏晚钟”之名。

清末民初，净慈寺屡遭兵燹，楼毁钟失。20世纪中叶以后，寺前两亭如故，并未因寺前拓展马路有所移置。然寺内钟声几成绝响，虽景名未湮，已徒有虚名。1984年，日本佛教曹洞宗大本山永平寺捐款，由杭州市佛教协会重铸一座大钟，恢复此景。此后，修复净慈寺时，在杭州市民族宗教事务局多年努力下，“十年动乱”中被毁的“南屏晓钟”景碑和乾隆帝题咏的净慈寺诗碑的拓片终于被找到，由杭州市佛教协会恢复原貌。

第三节　声名远播的“西湖十景”

一、对中国园林的影响

“西湖十景”是中国现存最具代表性和影响力的题名景观，同时还在中国古代的文学、艺术、园林等领域产生了广泛影响，并伴随着文化交流广泛传播到东亚各国，成为具有世界影响力的东方景观设计经典作品。

“西湖十景”在18世纪受到了清代皇室的空前重视，其文化价值因此获得显著提升并广泛传播。西湖景观的文化象征意义、景观审美情趣、题名景观的设计手法、堤岛格局和丰富多样的景观元素，都在清代皇家园林中得到了显著的运用，是18世纪中国皇家园林承德避暑山庄、颐和园和圆明园设计的重要“楷模”，出现了《御制承德避暑山庄图咏》《圆明园四十景图咏》等一系列的景观画作和图文册页。

例如，颐和园的前身是清漪园，是一座以万寿山、昆明湖为主体的大型天然山水园，始建于乾隆十五年（1750）。清漪园的总体规划是以杭州西湖为蓝本，昆明湖的水域划分、万寿山与昆明湖的位置关系、西堤在湖中的走向以及周围的环境都酷似杭州西湖。有诗为证：“背山面水地，明湖仿浙西，琳琅三梦宇，花柳六桥堤。”出于对杭州西湖的无限眷恋，修建圆明园时乾隆帝极尽模拟之能事，圆明园除直接用“西湖十景”命名的“曲院风荷”“平湖秋月”外，“柳浪闻莺、南屏晚钟、三潭印月、雷峰夕照、双峰插云、花港观鱼、苏堤春晓、玉泉鱼跃”等西湖题名景观的设计理念也被用在了圆明园之中。如圆明园四十景中的“曲院风荷”对杭州“曲院风荷”的模拟。“曲院风荷”从园林布局看其建筑群位于北部，由于面对正南的一个狭长湖面，遍植荷花，颇有杭州西湖“曲院风荷”之意境。

除了北方皇家园林，“西湖十景”题名景观设计在中国各地也产生了广泛影响，并在南宋及其以后的700余年中于金、元、明、清诸代得以传承，如金代有“燕京八景”，清代有“关中八景”，等等。“西湖十景”对中国同名为西湖的一些山水景观设计产生直接的影响，最为典型的案例是广东的惠州西湖，它仿照杭州西湖修建了“惠州十景”。

二、对东亚地区的影响

西湖景观最初在日本平安时代的833年通过白居易的《白氏文集》为日本人所知晓，《白氏文集》中录有13篇描述与赞扬西湖景观的诗文，如作品《春题湖上》《钱塘湖石记》，前诗描写了杭州西湖胜景，后文则记载了西湖的疏浚和白堤的建设。继白居易之后，自13世纪至16世纪，由于苏轼、林逋等所著汉诗传入日本，以及曾赴中国的日本禅僧的著述宣传下，西湖景观逐渐受到主导当时日本艺术文化的五山禅僧们的注目。据统计，日本五山禅僧所著述的西湖相关汉诗有381篇，其中以“西湖”“孤山”“苏堤”等地名出现频率最高，推崇的人物以林逋和高僧为主。可见西湖景观当时是作为一种隐逸文化与清高的精神意义在日本获得了认同和传播。

日本室町时代，日本画圣雪舟曾游中国杭州西湖，回国之后，亲自参与了日本的造园活动，设计常荣寺庭园，将西湖意象导入园林设计之中。

17世纪后，有关西湖的景观营造通过诗文、绘画、地方志等传入日本。“西湖十景”等景观构成要素大量被象征性地、通过缩景的手法运用于日本造园艺术中（图5-24）。至19世纪初，日本大众通过出版物和町人文化（即市民文化）的盛行，对西湖景观形成了较为普遍的认识。

例如旧芝离宫庭园（东京市港区），该景观于1678年建造。整个庭园以水池为中心，水景是园林着力表现的内容。其中中岛的西桥仿西湖苏堤的样式，以条石筑堤，中间砌石拱桥。庭园在建造之初曾在《乐寿园记》（1686年作）中记载了“西湖十景”中的四景。昔日在庭园面向池泉的地方建有月波楼（已不存在）。这也是从白居易《春题湖上》诗中的“月点波心一颗珠”中得到的启发。

杭州自古与朝鲜半岛多有交通往来，西湖景观对朝鲜半岛的传播影响在题名景观方面表现得较为突出。16世纪之前，朝鲜半岛的风景名胜命名方式主要受中国北宋“潇湘八景”的影响，如：韩城府的“汉城十咏”，忠青道的“公州十景”，庆尚道的“大丘十咏”、“密阳十景”、“巨济十咏”，平安道的“平壤八景”等。16世纪，随着中国明代，特别是浙江一带地区与朝鲜的交流往来加强，西湖景观成为朝鲜文人学士憧憬和向往的地方，承载着他们的人生理想而获得明显影响和流传。在题名景观上出现了汉江“西湖十景”等作品。

图 5-24 日本大濠公园（Fukuoka Castle）鸟瞰图（杭州西湖风景名胜区管理委员会提供）

第六章　多元史迹

西湖文化景观的形成经历了上千年的历史演变过程，在此过程中，西湖周边形成了上百处历史文化遗存，这在世界各地的风景湖泊之中是比较罕见的。西湖的文化史

迹，能够清晰地展现出千百年来人们是如何在自然山水的基础之上，按照自己的文化价值取向对西湖进行改造的。从这些史迹承载的文化类别上来说，包括儒家文化、佛教文化、道教文化等中国传统文化，这使得西湖在自然山水的基础之上，具备了宗教和道德伦理氛围，大大丰富了西湖文化景观的内涵。从美学视角上来看，这些文化史迹点缀在湖山之中，从整体上提升了西湖的审美价值。千百年来，西湖的自然山水和文化史迹相互渗透融合，吸引了无数文人雅士到访，在此获得精神滋养（图 6-1）。

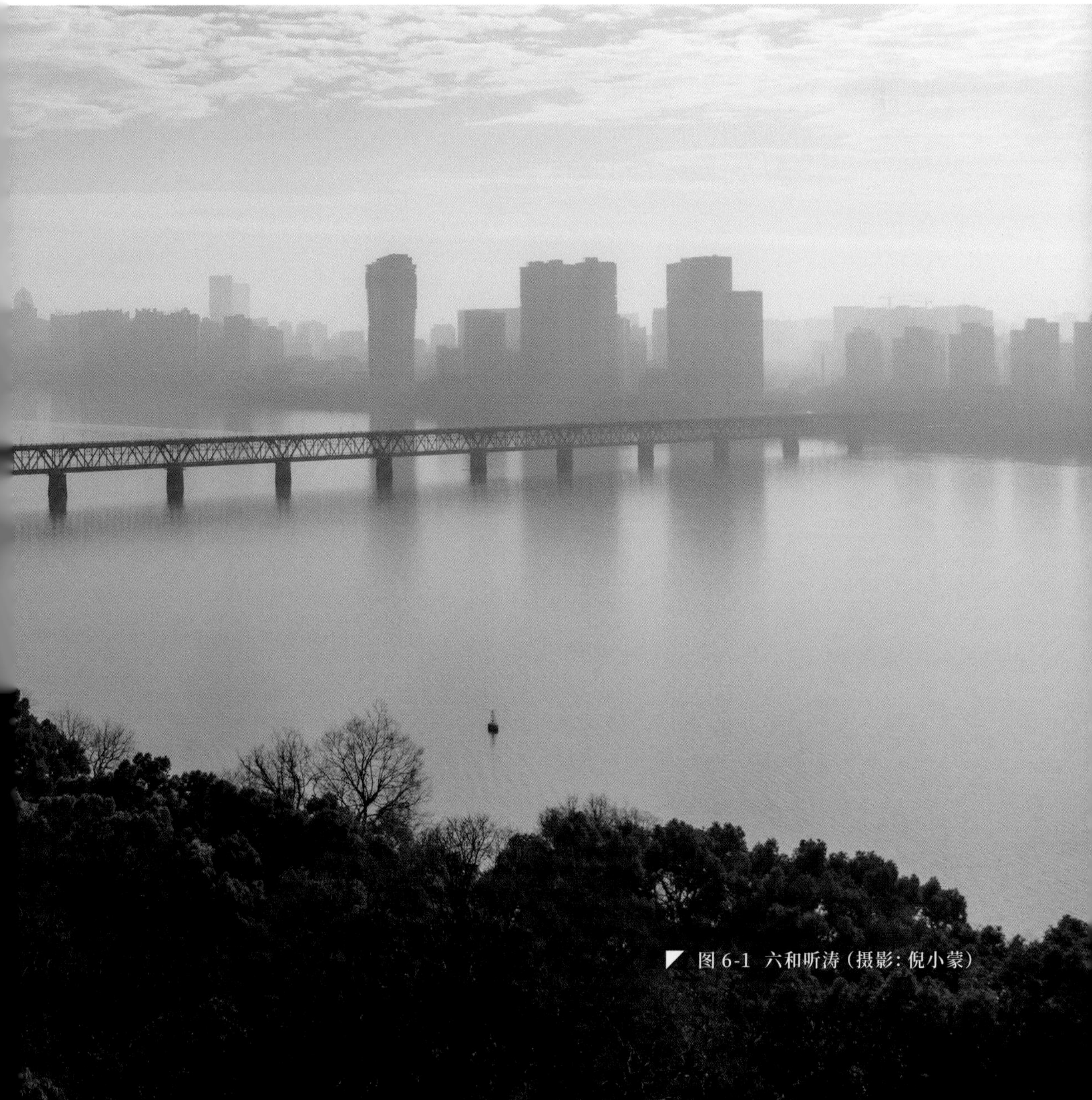

图 6-1 六和听涛（摄影：倪小蒙）

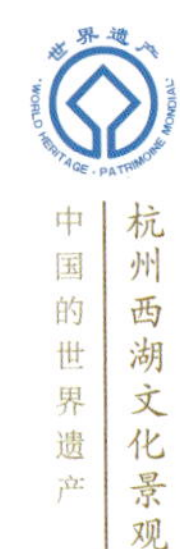

第一节　忠烈西湖

西湖边忠烈人物的杰出代表是岳飞，他的故事在中国世代相传，妇孺皆知。清代大诗人袁枚有诗“赖有岳于双少保，人间始觉重西湖”。在岳飞这位抗金英雄与西湖发生联系之前，西湖呈现给世人的是一种阴柔之美。岳飞的事迹在中国广为流传之后，特别是西湖边有岳飞墓（庙）等文化史迹的见证，西湖的文化形象发生了改变，西湖被赋予了忠烈阳刚之气。在西湖文化景观的审美中，西湖也充盈了道德伦理的氛围。

同在西湖景观范围内立有祠墓的著名历史人物于谦和张苍水，都传承了岳飞的精神，成为中国以品行清廉、刚正不屈著称的英雄人物，和岳飞并称“西湖三杰”（图 6-2）。

图 6-2 “西湖三杰”（杭州西湖博物馆总馆提供）

一、岳飞墓（庙）

岳飞墓（庙），又称岳坟、岳庙、岳王庙，位于栖霞岭南麓，背枕青山，面临西湖，是南宋抗金将领、抗金英雄岳飞的长眠之处，也是历代人们凭吊、瞻仰岳飞的纪念圣地（图 6-3）。岳飞墓（庙）现存格局为清代重点修复后形成，占地15695平方米，建筑面积2793平方米，分为墓园、忠烈祠、启忠祠三部分。其中忠烈祠和启忠祠建筑群是岳飞墓的附属建筑，为清康熙年间重建，现存建筑仍保留清代格局和建筑风格。

岳飞（1103—1142），字鹏举，汤阴（今属河南）人。因坚决抗金，反对妥协，于宋高宗绍兴十一年十二月二十九日（1142 年 1 月 27 日）被宋高宗、秦桧等以“莫须有”的罪名杀害于临安（今杭州）的大理寺狱中。同时被害的还有岳飞的长子岳云和部将张宪。绍兴三十二年（1162），宋孝宗赵昚继位，为岳飞平反昭雪，追复生前官职，将岳飞遗骸以礼改葬于栖霞岭南麓今址。

图 6-3　岳飞墓（摄影：邱国强）

嘉定十四年（1221），南宋朝廷又赐紧邻岳飞墓的智果寺为岳飞的功德寺，并赐额“褒忠衍福禅寺”。南宋亡，元兵入浙，坟荒寺废。元大德五年（1301），岳飞六世孙岳士迪重建岳飞墓。至元年间，杭州路总管府经历李全初修葺荒坟，重建庙宇。明洪武四年（1371），在原寺址复建，正祀典。后庙宇建筑岁深坍损。天顺元年（1457）九月二十七日，杭州府同知马伟等奏请为岳飞建庙，圣旨准建。天顺三年（1459），马伟将褒忠衍福禅寺改建为岳王庙，后毁于兵火，明弘治年间太监麦秀重建。万历年间，鉴于岳飞坟祠朝南，处于嘈杂的居民区，孙隆将民居买下，开拓成道路，使岳飞祠变成临湖之向，成为西湖的一大景观。清雍正九年（1731），浙江总督李卫拨款重修墓、庙，并于神道前重建石牌坊，题为“碧血丹心”。嘉庆六年（1801），巡抚阮元主持重修岳庙，大门额写“岳王庙”（图 6-4）。岳飞墓（庙）历经元、明、清各代和民国时期，或因岁深坍损，或毁于火，屡毁屡兴，重修重建达数十次。中华人民共和国成立后，岳飞墓、

图 6-4 岳王庙（摄影：孙小明）

庙收归国有, 1955 年曾做过一次较大的整修。1961 年 3 月 4 日, 岳飞墓(庙)被国务院列为首批全国重点文物保护单位之一。20 世纪 60 年代, 岳飞墓和岳庙的部分建筑受损。1978 年 8 月 12 日, 浙江省和杭州市有关部门成立岳飞墓(庙)维修领导小组, 由省政府拨专款, 开始对岳飞墓(庙)进行全面的整理维修。修复岳飞、岳云两墓, 以及岳王庙门楼、忠烈祠、碑廊等, 重新对外开放。20 世纪 80 年代, 修复启忠祠, 并辟为岳飞纪念馆。岳飞墓(庙)1996 年被国家文物局、国家教育委员会、文化部等六部委列为百家"全国中小学爱国主义教育基地"之一。2000 年以后, 相关机构多次对所有建筑进行翻漏等保养性维修。2007 年 10 月 27 日, "三评西湖十景"景名正式公布, "岳墓栖霞"入选其中。

二、于谦祠(墓)

于谦祠(墓)位于西湖之西, 三台山下。墓后祠前, 祠墓合一。于谦(1398—1457), 字廷益, 号节庵, 浙江钱塘(今杭州)人。明代"北京保卫战"英雄和著名清官。

于谦的成长, 受到岳飞深深的影响, 于谦曾在给朝廷的一份奏折中有过这样的表述: "岳飞有言, 阵而后战, 兵家之常。运用之妙, 存乎一心。"他对岳飞的用兵, 表达了由衷的敬佩。他更喜欢引用岳飞的名言"文臣不爱钱, 武官不惜死, 天下太平矣"来表明自己的为官准则。

在岳飞死后 300 多年, 于谦也跟岳飞一样遭到了类似的厄运。明天顺元年 (1457) 正月二十二日, 于谦被以"意欲"之罪诛杀于京师西市。天顺三年(1459), 养子于康扶父亲灵柩归葬西湖三台山于氏祖茔。成化元年(1465), 明宪宗朱见深平反于谦冤案。翌年, 明宪宗派人南下祭扫于谦墓, 在墓前宣读明宪宗谕祭文, 并以钱塘太平坊南新街于谦故居为"怜忠祠", 大理寺卿夏时正为撰《怜忠祠记》, 勒石刻碑。弘治三年(1490), 明孝宗朱祐樘复命为于谦立祠于三台山墓前, 颁赐祠祭文, 赐祠额"旌功"。嘉靖十六年(1537), 由于于谦祠"庙貌颓甚, 栋挠垣阙, 诸所庀陈, 漫漶刊落", 而由巡按浙江监察御史周汝员嘱钱塘知县李念修葺, 巡按御史傅凤翔、阎邻、王绅, 巡盐御史高葑相继协修, 历时五年。提学副使张鏊作《重修旌功祠记》。万历十八年(1590), 明神宗朱翊钧改赐谥于谦为"忠肃"。万历四十二年(1614), 御史杨鹤捐俸再修于祠, "鸠聚工料, 式增廓之", 遂使于谦祠成为湖西伟观。

图 6-5 于谦祠（摄影：霍奕）

清代，于谦祠（墓）经多次修建。康熙三十四年（1695），杭州知府李铎营建新祠于故祠之右，复增建寝室启忠祠，以祭祀于谦父母双亲及后人。并对土茔七座的于墓仿岳坟规制，使之“朗然开畅”。雍正七年（1729），浙江总督李卫重修于谦祠。乾隆十年（1745）续修。乾隆十六年（1751），乾隆帝南巡杭州，祭于谦祠墓，御题匾额“丹心抗节”（图 6-5）。乾隆二十二年（1757），复遣官至于谦祠墓致祭。嘉庆二十五年（1820），杭嘉湖道林则徐复次重修于祠于墓，并撰写《重修于忠肃公祠墓记》。咸丰十一年（1861），于谦祠毁于太平军李秀成部，“祠堂被毁，宰木无存”。同治八年（1869），郡人吴煦、濮诒孙请款重建于谦祠，现存建筑即此旧迹。及至光绪七年至八年（1881—1882），浙江巡抚谭钟麟及浙江布政使、护理浙抚德馨又为之重修，后均有题诗在于祠。光绪三十四年（1908），浙江布政使颜钟骥主持清代最后一次修葺于谦祠。

民国三年（1914），浙江都督朱瑞主持修缮梦神庙位于于谦祠之左。1956 年，浙江省人民委员会（以下简称省人委）将于谦墓祠列入浙江省一等文物保护单位。1981 年，省政府发文公布于谦墓为浙江省省级文物保护单位。1982 年 5 月，杭州市斥资修复于谦墓，将原于氏祖茔区的七墓改为一墓，墓高 2 米，青砖环砌，香炉、祭桌均为原物。修复后的于谦墓呈马蹄形，南北宽 23 米，进深 30 米，墓道长 90 米，墓碑上镌刻“大明少保兼兵部尚书赠太傅谥忠肃于公墓”18 字。

图 6-6　丹心托月牌坊
（杭州西湖风景名胜区管理委员会提供）

1998 年 5 月，为纪念于谦 600 周年诞辰，西湖景区整治墓区环境，修复于谦祠，面积达 900 余平方米。同年 11 月 20 日，于谦祠经陈列布展后对外开放。2002 年至 2003 年，于谦祠（墓）扩大为于谦景区。景区占地 42000 平方米，加上乌龟潭水系，总面积达 92000 平方米。新建诗碑廊、休息亭廊，在眠牛山脚乌龟潭边码头，立“丹心托月”标志性牌楼一座（图 6-6），使人文历史积淀与山水景观融为一体。2006 年 5 月，国务院公布于谦墓为全国重点文物保护单位。2020 年于谦祠再次进行了修缮和陈列提升。

三、张苍水祠（墓）

张苍水墓位于西湖南屏山荔枝峰下。墓东侧为张苍水祠，紧邻太子湾公园。张苍水（1620—1664），名煌言，鄞县（今浙江省宁波市鄞州区）人。南明抗清英雄，与岳飞、于谦同列为西湖三杰。他曾在一首诗里这样写道：

国破家亡欲何之？西子湖头有我师。

日月双悬于氏墓，乾坤半壁岳家祠。
惭将赤手分三席，敢为丹心借一枝。
他日素车东浙路，怒涛岂必属鸱夷？

在这首诗里，他明确说岳飞和于谦是他的老师。严格说来，应该是精神上的导师。作为诗人，在张煌言的许多诗篇里，都表达了他对岳飞和于谦的崇敬之情。

明崇祯十七年（1644），清军攻占北京，明王朝灭亡，改元顺治。次年，清军南下，进逼宁波，张苍水组织义军抗清。至清康熙三年（1664）兵败被俘，不屈，在杭州被杀。张苍水曾在《忆西湖》中表达了将来要埋骨西湖的愿望："梦里相逢西子湖，谁知梦醒却模糊。高坟武穆连忠肃，添得新祠一座无。"这里的武穆是指岳飞，忠肃则是于谦。

张煌言死后，几经周折，遗体被安葬在西湖南屏山荔枝峰下，墓碑面朝岳墓方向。他就义后，西湖白莲洲流锡庵僧人超直（问石和尚）治棺收殓，暂厝宝石山僧舍。嗣后鄞县人纪五昌捐金，甬人万斯大、杭人张文嘉、僧人超直将其葬于西湖南屏山荔枝峰下，实现了张苍水与岳飞、于谦地下为邻的生前夙愿。初葬时，墓碑仅书"王先生之墓"，由"胡湏以端溪石砚背刻公姓名，旁及罗、杨姓名，纳圹以志"。黄宗羲撰《有明兵部左侍郎苍水张公墓志铭》。清乾隆初年，道士吴乾阳为张苍水墓修复墓道，全祖望撰《明故兵部尚书兼翰林院学士侍讲鄞张公神道碑铭》。乾隆四十一年（1776），清政府谥张苍水为"忠烈"。于是，杭人陈鳣、鄞人万福（万斯大之孙）立石墓门，书"皇清赐谥忠烈明兵部尚书苍水张公之墓"为碑。这个碑文嗣后又由书法大家梁同书重书。自此以后，张苍水得到官方和民间一致推崇，其墓也不断得到修缮。光绪元年（1875），时人在杭州众安桥岳庙旁建张苍水祠，复在南屏山张苍水墓旁建绘堂。中华民国成立后，张苍水族裔张寿镛等在张苍水墓前修筑张苍水新祠，建成后，张苍水牌位于民国四年（1915）移入新祠之中。至此，祠墓合一格局形成。

1956 年 11 月，浙江省将张苍水墓列为一等文物保护单位。1960 年，对张苍水墓及其周边进行修整，加宽墓基，拆除倒塌围墙，重修回龙墙。1961 年 4 月，浙江省将张苍水墓定为浙江省首批重点文物保护单位。1981 年 5 月，张苍水墓被重新公布为浙江省省级文物保护单位。1983 年，浙江省和杭州市文物管理委员会按 1920 年墓貌对张苍水墓进行修复。修复后的张苍水墓（图 6-7）坐南朝北，张苍水墓居中，西为参军罗子木墓，东为侍童杨冠玉及舟子墓。墓呈品字状，圆形拱顶，上封土植草，墓壁为清水砖砌。1989 年在墓前重建青石牌坊和墓道，墓道长 100 米，自南面北，两侧分别排列立石马、卧石马、卧石羊等，取自张苍水墓东侧明代邵林墓旧物。周边绿树环抱，松柏成行，古朴庄重。1991 年，在张苍水墓左前方重建张苍水祠（图 6-8），建筑面积 250 平方米，主体建筑为自临安迁移而来的明代故宅，白墙黑瓦。内部陈列张苍水坐像、3 块大匾、8 幅壁画及铁炮和碑刻。于 1992 年 1 月正式对外开放。2022 年，张苍水祠再次进行了修缮和陈列提升。

图 6-7　张苍水墓（杭州西湖博物馆总馆提供）

图 6-8　张苍水祠（摄影：吴涛）

第二节　东南佛国

杭州佛教始于东晋，天竺高僧慧理创建灵鹫、灵山、灵峰、灵隐、灵顺五寺，揭开杭州佛教史的第一页。此后，佛教一直在杭州和西湖文化的发展中占有非常重要的地位，对杭州文化的发展影响甚大，遗留至今的许多名胜古迹、民间神话传说和佛教的关系密切。而且西湖佛教文化早在北宋时就已流传到日本、朝鲜等地，有力地促进了中外的文化交流（图 6-9）。

五代吴越国时，钱氏诸王治浙 80 余年，立国 72 载，都奉行“信佛顺天”与“保境安民”

◤ 图 6-9 灵隐寺全景（摄影：汪建伟）

的国策。吴越国时新建的大批寺庙中，著名的有理安寺、六通寺、海会寺、灵峰寺、云栖寺、玛瑙寺、清涟寺、宝成寺、开化寺以及南高峰下的荣国寺等。杭城内外及湖山之间，唐以前为 360 寺，及至吴越立国，佛寺获存者仍达 480 余所，“海内都会未有加于此者”。特别是一些大寺院，僧侣人数多达千人以上。杭州今存的六和塔、保俶塔、白塔以及雷峰塔等均始建于此时。

一、六和塔

六和塔位于钱塘江北岸月轮山南麓，距离西湖南岸约 3.8 千米。“和”为“合”的转音，因此又称“六合塔”。据说“六和”取自佛教“六和敬”之义，即“身和同住、

口和无争、意和同悦、戒和同修、见和同解、利和同均”。《晋书·五行志》又说："气相伤谓之沴。六气和，则沴疾不生。”寓修德祈年之意（图 6-10）。

宋开宝三年（970），吴越国王钱弘俶为镇伏江潮，命智觉禅师延寿和僧统赞宁在南果园建塔。塔身九级，塔顶有灯火指引夜航船舶。宣和三年（1121），塔在方腊农民起义军攻杭时被焚毁。绍兴二十六年（1156），智昙大师主持修建。他谢绝官府济助，捐出私财，并募款筹集经费，得和义郡王杨存中、居士董仲永等鼎力相助。隆兴元年（1163），于原有塔基上建成七级。其砖建塔身保存至今，元元统年间，六和塔曾做过修缮，塔刹改铸铁葫芦形，上有元统二年（1334）的铸文。明嘉靖十二年（1533），倭寇入侵杭州，塔遭到破坏。万历年间，莲池大师主持修缮。清雍正十三年（1735），六和塔再做大规模整修，两年完成。乾隆十六年（1751），乾隆帝登塔游览，在七层各题一匾额，自下而上依次为“初地坚固”“二谛俱融”“三明净域”“四天宝纲”“五云

图 6-10 六和塔（摄影：童本立）

扶盖”“六鳌负载”“七宝庄严”，并御制塔记一篇，后被刻碑竖亭，立于塔西北侧月轮山山坡上。西侧庭院中另有乾隆诗碑。道光三十年（1850），六和塔又遭到损坏。光绪二十六年（1900），朱智出资主修六和塔。今存木构外廊即为此期间重修的产物。民国二十三年（1934），浙江省建设厅厅长曾养甫有意重修六和塔外围木构，梁思成受邀主持复原工作，并编制《杭州六和塔复原状计划》。后因曾养甫调任和抗日战争全面爆发，复原计划被迫搁浅。1961 年 3 月 4 日，六和塔被国务院列为第一批全国重点文物保护单位。中华人民共和国成立以来经过多次维修。

现六和塔为砖木混合结构，塔身砖砌，檐廊木构。塔坐北朝南，占地 946 平方米，总高 59.89 米，平面呈八角形，外观十三层，内部“七明六暗”，即七层与塔身内部相通，六层封闭。塔建于八角形台基之上，台基每面边长约 14 米，部分阶条石上留有方形凿孔，可能原来台基周边立有望柱及栏杆。塔身的总体结构从外至里每层分别为外廊、外墙、回廊、内墙和塔心室，形成内外两环的双筒体结构（图 6-11），外墙、内墙均四面辟有甬道。塔身内有穿壁螺旋式阶梯，盘旋而上，直至顶层。塔身外每层均有木檐外廊，明层外廊与塔内连通。各层外廊每面均为四柱三间，除底层为开敞式，其余各层每间均辟一窗。各明层外墙外壁每面隐砌四柱作三间，各暗层外墙未隐砌柱形。外墙墙身各面均辟壶门，门内为甬道，甬道两侧为壁龛。回廊位于外墙、内墙之间，底层宽 1.93 米，

图 6-11　六和塔双筒体结构（摄影：孙小明）

高 5.87 米，两壁隐砌壁柱、阑额、由额及斗拱，顶部为菱角牙子叠涩砖砌券顶。甬道及回廊两侧底部均为须弥座，其束腰部分雕刻各式题材共 174 组，题材丰富。

内墙墙身四边辟门，另四边为壁龛，相间而成，一层龛内嵌有《金刚经》石刻和观音像碑。每个门洞内辟有式样与外壁大致相同的甬道，连通塔心室。塔心室为方形，原为供奉佛像之所，后佛像被拆除，其中部立有塔心柱，一层塔心柱为方形砖柱，宽 2.15 米。塔心室四壁有仿木构斗拱，其上承托两层菱角牙子叠涩而成藻井式室顶。塔顶为八角攒尖顶，施筒板合瓦。塔刹铁制，为元代遗物，总高 3.55 米，最大直径约 3.00 米，整个塔刹分五级组成，刹座圆形，其上两层覆钵，再上为宝珠，宝珠上为葫芦。

六和塔是中国楼阁式塔的杰出代表，其八边形双筒体塔身原状揭示了中国佛塔的平面形式在东南沿海一带发生了由四边形到八边形，由单筒体到双筒体结构的重大嬗变，在中国佛塔的演变发展史上具有划时代的意义。六和塔内保存着完整的宋代砖雕（图 6-12），为《营造法式》提供了直接、珍贵的物证。

开化寺遗址是六和塔的塔院。2008 年该遗址经考古发掘，发掘区域位于六和塔

图 6-12 六和塔宋代砖雕（摄影：孙小明）

西南侧，发掘面积约 130 平方米。遗址的北探方第四地层为南宋文化层，发现砖砌道路一条，长约 5 米（北端延伸长度不明）、宽 1.4 米，是南宋时期铺砌的开化寺院内道路，该道路遗址上现建有清代风格的保护棚，其上分别叠压有元代、清代至民国等三层地层，发现有元代火膛、清代石砌墙基及砖砌排水沟遗迹等。

二、雷峰塔

雷峰塔是西湖景观标志性的佛教建筑之一，始建于北宋太平兴国二年（977），是中国现存的最大八角形双筒体结构佛塔的遗址。它是南宋“西湖十景”之一“雷峰夕照”最重要的景观元素，也是吴越国时期王家崇佛的重要物证。

雷峰塔是吴越国王钱俶在位时期所建，原拟建高 1000 尺的十三层宝塔，用来奉藏佛螺髻舍利和八万四千卷经，后因财力不济，只造了八面七层。塔以砖石为芯，外有木构檐廊，重檐飞栋，洞窗豁达。初建时还有塔院，宋英宗治平二年（1065）赐“显严”额，遂名显严院。

钱弘俶，字文德，末代吴越国王。钱镠之孙，第二代吴越国王钱元瓘之子。乾祐元年（948）正月，钱弘俶继位吴越国王。建隆元年（960），宋太祖赵匡胤禅周建宋，为避其父赵弘殷讳，去“弘”改称钱俶。太平兴国三年（978）初，钱俶赴东京（今河南开封）朝觐宋太宗，五月被迫纳土献地，改封为“淮南国王”。端拱元年（988）卒于邓州，谥为“忠懿王”。

钱俶奉佛至虔至诚，“口不辍诵释氏之书，手不停披释氏之典”。统治两浙期间，建寺起塔，开龛造像，刻经造幢，礼遇高僧，遣使高丽、日本寻求佛籍，复兴天台宗。在首府杭州留下很多重要佛教遗迹，如灵隐寺、净慈寺、六和塔、保俶塔、闸口白塔、梵天寺等。吴越国成了名副其实的“东南佛国”，久负盛名的雷峰塔便是钱俶崇佛的集中表现。

北宋末年方腊起义军烧毁了雷峰塔的塔院及塔身的木檐廊。僧智友历时二十载募资捐修雷峰塔，显严院重修后改作法堂。重修后的雷峰塔为八面五层飞甍悬铃，重檐飞栋，兀立层霄，金碧璀璨。

南宋时，“西湖十景”名扬天下，十景之一的雷峰夕照因晚霞镀塔，佛光普照而闻名（图 6-13）。

明嘉靖年间，塔木构檐廊于兵燹毁，仅存塔芯，赭色砖塔，颓然苍老。明末杭州名士闻启祥曾将其与湖对岸的保俶塔合在一起加以评说："湖上两浮屠，雷峰如老衲，保俶如美人。"此说法至今沿用。

清后期，雷峰塔因年久失修，又因迷信者盛传塔砖能辟邪宜男，盗挖者日增，塔基开始削弱，清末民初期间为保护古景观，当局曾筑墙护塔，但挖砖者屡禁不绝。

民国十三年（1924）9 月 25 日（农历八月二十七日）下午 1 时 40 分，塔终因塔砖盗挖过多，加以塔址附近汪庄造屋打桩引起巨大震动而轰然倒塌（图 6-14）。

中国著名的民间故事《白蛇传》中白娘子和小青是修炼千年的蛇仙，两人在断桥偶遇民间医生许仙，白娘子芳心暗许后结为眷属，法海阻挠二人人仙异恋，镇压白娘

图 6-13 雷峰夕照（摄影：王华）

◥ 图 6-14　吴越王钱俶在 975 年建造的雷峰塔，于 1924 年倒塌（杭州西湖风景名胜区管理委员会提供）

子于雷峰塔下，小青携许仙及其于救出被压在塔下的白娘子，终得团聚相守。故事中的雷峰塔就是杭州西湖边的雷峰塔，雷峰塔和《白蛇传》也因相互的影响在民间声名远扬。

2000—2002 年，杭州市建造了雷锋新塔，新塔罩在遗址之上，起到了保护作用。该塔满足了雷峰塔遗址遗迹的完整保存要求，使其再次恢复了祈求美好愿望的象征地位；同时，按照唐代建筑尺寸和历史图片进行轮廓设计的新塔，保持了塔身的历史形象，再现了西湖景观的历史特征（图 6-15）。

图 6-15 雷峰塔（摄影：翟家福）

三、保俶塔

保俶塔古称应天塔,又名保叔塔、宝所塔、宝石塔等,位于西湖宝石山顶,南临西湖,西接葛岭,是西湖景观的标志性建筑,与雷峰塔形成著名的“雷峰如老衲,保俶如美人”的南北对景。保俶塔一带在 18 世纪的“西湖十八景”和“杭州二十四景”中题名为“宝石凤亭”。保俶塔素有“湖上美人”之誉,具有较高的艺术审美价值,其以挺秀纤细的塔姿、优美的自然景观环境,堪称人文景观与自然环境相结合的典范(图 6-16)。

保俶塔始建于五代吴越国时期,为吴延爽所建,塔初为九级,后毁。宋咸平年间,僧永保重建,减去二级,人称“保叔塔”。此后历经宋、元、明,屡毁屡建,皆至七级而止。明正德九年(1514),僧文镛再建。嘉靖元年(1522)又毁。嘉靖二十二年(1543),僧永固再建。隆庆三年(1569),大风折其顶,保俶塔亦渐渐损圮。万历七年(1579)重修,为七层重檐楼阁式,可登高远眺,塔周围檐廊挂置明灯,入夜蔚为大观。高濂《四时幽赏录》“宝石山下看塔灯”说:“保叔为省中最高塔,七级燃灯,周遭百盏,星丸错落,辉煌烛天。极目高空,恍自九霄。中下灯影,澄湖水面,又作一种色相。霞须混荡,摇曳长虹,夜静水寒,焰射蚊窟。更喜风清湖白,光彩俨驾鹊桥,得生羽翰,便想飞步绳河彼岸。忽闻钟磬半空,梵音声出天上,使我欲念色尘一时幻破,清净无碍。”后因年久失修,保俶塔塔基发生松动,塔身也出现倾斜。民国二十二年(1933),杭州地方当局重建保俶塔,工程历时 4 个月,耗资约 2.3 万元。中华人民共和国成立后,省、市有关部门对保俶塔加强保护管理。20 世纪 70 年代,杭州市园林管理部门曾整修保俶塔塔基,加设围栏,修理周围石墈。1986 年 4 月 23 日,保俶塔被杭州市政府公布为市级文物保护单位。因长年风吹雨淋,又受空气锈蚀,明代塔刹构件出现残损掉落现象。1996 年 12 月 27 日,杭州市园林文物局对塔刹搭架勘察、维修,按原样重铸更换其中锈损严重的 17 件塔刹铁铸构件,1997 年 4 月 22 日维修竣工。2005 年 3 月 16 日,保俶塔被省政府公布为省级文物保护单位。

现塔系民国二十二年(1933)重修,为八面七层仿木结构楼阁式砖砌实心塔,由塔基、塔身、塔刹组成,通高 45.3 米。塔基呈八边形,用条石砌成。塔身清水砖砌,分七层,逐层向上收分,第一层的北面嵌民国《重修宝石塔记》碑。塔顶置铁铸塔刹,高 10 米,由覆钵、仰钵、相轮、华盖、宝珠、火焰珠等构件组成。塔西侧平地陈列展示 1997 年塔刹维修时更换下来的 17 件明代旧塔刹构件,按原样搭置,其中两节套

图 6-16 保俶塔（摄影：朱禾）

筒外壁镌刻有捐修者姓名以及“万历七年造”的铭文。2020 年，开展了保俶塔保养维护工程。

四、灵隐寺

灵隐寺，在西湖西北武林山后北高峰南麓，飞来峰前。关于其始建的时间，最为流行的说法是建于东晋咸和元年（326）。

灵隐寺初创时，规模不大。据北魏郦道元《水经注》卷四〇《渐江水》“左右有石室三所”的记载，可见当初最早还是传统石龛。到南齐时期，灵隐寺已经很有规模，且知名于时。

隋唐时，灵隐寺继续发展。隋仁寿二年（602），隋文帝遣僧人至杭，于灵隐寺前飞来峰、莲花峰间栈道建神尼舍利塔。至唐初，灵隐寺的名气迅速提高。唐大历六年（771），灵隐寺经全面修葺，成为中国东南地区的一大名寺。白居易《冷泉亭记》便说：“东南山水，余杭郡为最；就郡言，灵隐寺为尤。”按唐代茶圣陆羽《灵隐寺记》称：“有僧于岩上周围镌罗汉佛菩萨。”可见，在唐肃宗上元前，灵隐寺附近已有石窟造像。

五代吴越国时期，灵隐寺发展到顶峰。后晋天福十二年（947），钱弘俶接国王位，立即着手扩建、整修灵隐寺。扩建后的灵隐寺更名为灵隐新寺，全寺共有 9 楼 18 阁 72 殿堂，先后共建殿宇房舍 1300 余间，住寺和挂单僧人多时达 3000 余人。五代后梁至北宋间律宗高僧、佛教史学家赞宁（919—1001）就曾住灵隐寺。

北宋天禧五年（1021），灵隐寺改名为景德灵隐寺。南宋绍兴五年（1135），宋高宗为宣扬孝道，又将其改名为灵隐崇恩显亲禅寺。此后，宋高宗和宋孝宗常常游幸此寺，并在寺中挥墨题赐。宋宁宗嘉定年间评定禅院五山十刹，径山为第一，灵隐次之，净慈再次之，宁波天童又次之，阿育王为第五。理宗把灵隐崇恩显亲禅寺原有的大雄宝殿改名为觉皇殿，另赐书“觉皇宝殿妙庄严域”8 字。灵隐寺由此达到极盛。

入元以后，灵隐寺在南方佛教庙宇中仍占有重要地位，“灵隐列在五山，僧指盈万”。一寺僧众如此之多，可见其规模巨大。

明洪武元年（1368），明太祖设灵隐寺“善世院”管理佛教事务。灵隐寺与天竺“划疆分道”。洪武三年（1370），明太祖封灵隐寺住持见心来复和慧明性源为“十大高僧”，并召见心入京说法，名震京师，授“金襕袈裟”。宣德七年（1432），僧人昙缵修建寺中的山门、面壁轩，僧人良玠重建佛殿，还复旧观。当时殿中有拜石，长丈余，有花卉鳞甲的纹路，工巧如画。隆庆三年（1569），灵隐寺又遭雷火，被毁。万历十年（1582），吏部尚书张翰及司寇陆光祖延请如通担任住持重建灵隐寺。万历十一年（1583）冬，僧如通开始重建灵隐寺，经5年修成。大殿仿唐建筑，并改觉皇殿为大雄宝殿。建三藏殿和直指堂，还有方丈室、妙应阁、选佛斋等殿堂僧舍，巍巍壮观。竣工后如通禅师开堂说法，士庶云集。万历二十八年（1600），司礼监孙隆重修。崇祯十三年（1640），灵隐寺再次毁于火灾，仅存大殿和法堂及转轮殿，一幅残败景象。顺治六年（1649），具德和尚重修灵隐寺，他力排众议，历尽千辛万苦，终于使灵隐寺焕然一新。

据清孙治《武林灵隐寺志》卷一《重兴缘起》记载，灵隐寺大雄宝殿上梁之日，前来观看的人数达10多万，盛况空前。此次修复后的灵隐寺规模非常之大，共建成七殿、十二堂、四阁、三楼、三轩等。另外，还仿净慈寺建有五百罗汉殿，也称田字殿，共54间，建于西禅堂下。自此，灵隐寺经过具德和尚苦心经营18年，终于积弊尽除，不仅其建置一跃成为“东南之冠”，而且禅风重振，时人皆称灵隐寺为“东南第一山”。

清康熙二十八年（1689），康熙帝南巡杭州时驾幸灵隐寺，当时的住持是谛晖，请康熙帝题一块匾额。康熙帝御制灵隐寺诗一首，亲书“雲（云）林”两字，赐名“雲（云）林寺”，故灵隐寺又称为“云林禅寺”。清雍正六年（1728），浙江总督李卫倡修灵隐寺大雄殿、天王殿及诸堂宇楼阁，使之焕然一新。乾隆五年（1740），汪应庚慷慨解囊，捐资重修大雄宝殿及其他殿、堂、阁、轩、楼、亭等数十处，又补饰五百罗汉，修理合涧桥、龙泓洞、鹫峰径等。乾隆十六年（1751）三月，乾隆帝巡幸，御制云林寺诗：“不碍静中喧，看取动时定。小坐忘万缘，渃然满清听。”并御题觉皇殿名为“鹫岭龙宫”，御题直指堂额名为“涌翠披云”。

清嘉庆、道光两帝也都非常支持灵隐寺的修复与兴建。清咸丰十一年（1861），太平军攻入杭州，灵隐寺毁损严重，仅存天王殿与罗汉堂。同治年间，住持贯通募资建联灯阁、大寮、工务寮以及慧日塔院。光绪二十八年（1902），僧昔徵兴建大悲阁，即直指堂遗址。清宣统二年（1910），盛宣怀出巨资，重建大雄宝殿，殿共有7楹，殿高13丈5尺（约38.295米），宏伟庄严。

民国时期，灵隐寺陆续有所修建。中华人民共和国成立后，20世纪50年代由中央人民政府直接拨款对灵隐寺做两次较大规模的修建。1953年3月，政务院总理周恩来在政务院会议上得知杭州灵隐寺年久失修、损坏严重的情况后，指示浙江省委要迅速采取措施，修复古刹，并特批黄金 96 两，拨款 90 万元，供修缮之用。经过两年多的时间，大殿修复工程于 1955 年 4 月竣工。“十年动乱”结束后，党和政府全面贯彻落实宗教信仰自由政策，灵隐寺也逐渐得以恢复，经过多次修缮和扩建。现灵隐寺整个院落中轴线自南向北依次为天王殿、大雄宝殿、药师殿、法堂（藏经楼）、华严殿，东西两侧分别建有钟楼、鼓楼、五百罗汉堂、华严阁、联灯阁、大悲楼、济公殿等，建筑面积 6.67 万平方米，为全国汉族地区重点寺院之一，寺内的石塔和经幢为全国重点文物保护单位（图 6-17）。

图 6-17 灵隐寺大雄宝殿（摄影：孙小明）

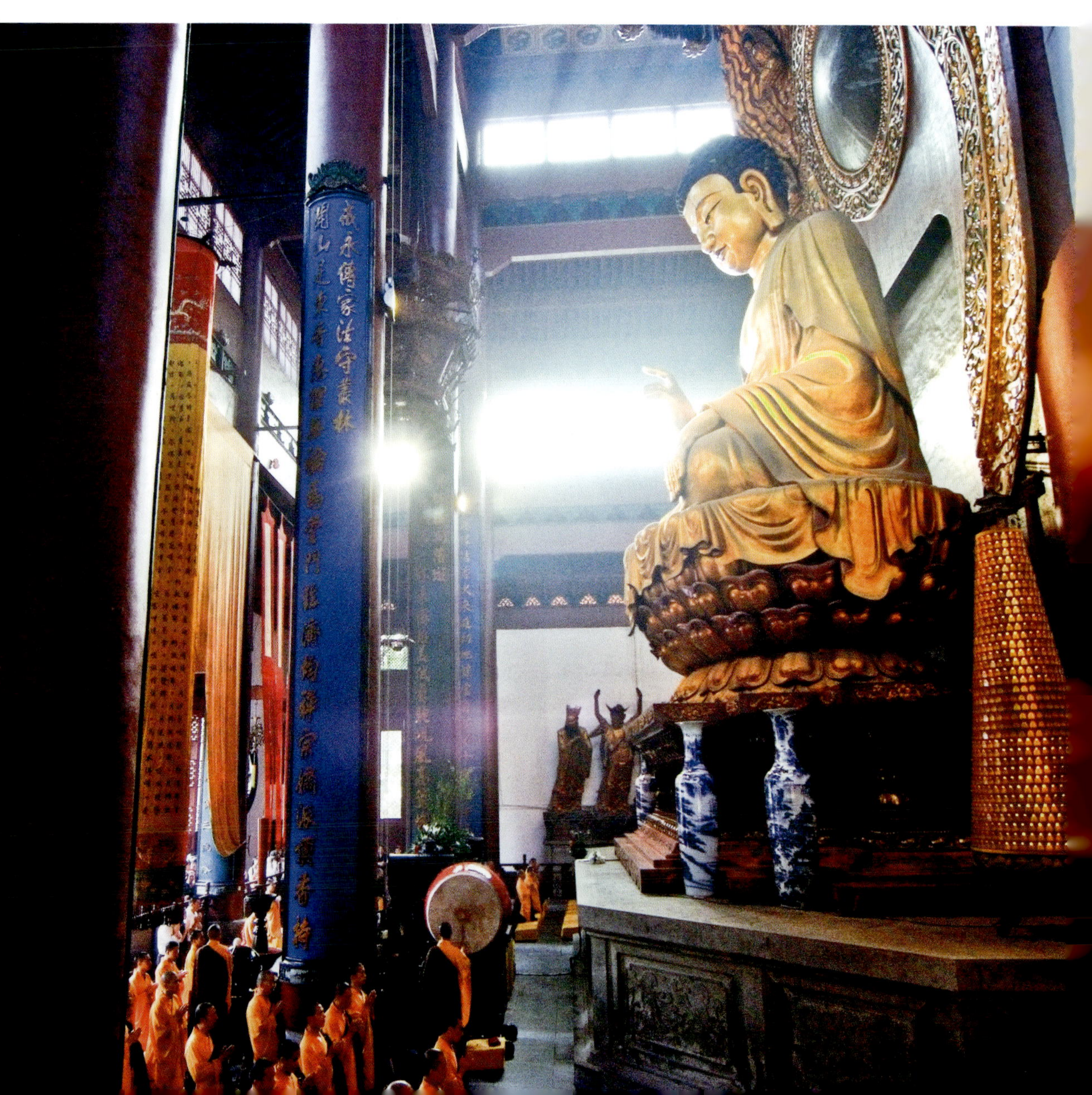

五、净慈寺

净慈寺是公元 954 年五代吴越国时期始建的佛教建筑群，时为西湖周围 300 多座寺院之首，13 世纪南宋时期曾被列为国家最高等级佛教寺庙“五山十刹”之一，该寺曾是我国东南沿海地区最重要的佛教活动场所之一，是南宋“西湖十景”之一“南屏晚钟”重要的景观元素，见证了杭州地区在 10—13 世纪时作为东南佛国的显著地位，以及佛教文化兴盛对西湖景观的直接影响。寺院坐落在南屏山中峰慧日峰下，历代沿用和修建，现其清代的基本格局依然保存完好（图 6-18）。

五代后周显德元年（954），吴越国王钱弘俶初建净慈寺，赐名“慧日永明院”，迎衢州道潜禅师入寺，开坛说菩萨戒。因此，道潜为净慈寺的开山祖师。道潜圆寂后，钱弘俶又从灵隐寺请延寿法师主持寺院，成为净慈寺第一位住持。北宋太平兴国二年（977），宋太宗赐名慧日永明院为“寿宁禅院”，并加以修葺。翌年，钱弘俶听从延寿禅师遗嘱，“上表归宋，尽献十三州之地”。

南宋建炎二年（1128），宋高宗下旨敕改寿宁院为“净慈禅寺”，并建造五百罗汉堂。绍兴九年（1139），宋高宗大赦天下，为表示祭祀宋徽宗，特将净慈禅寺改名为“报恩光孝禅寺”，后毁于火。宋孝宗时赐金修复殿宇，并建田字殿，塑五百罗汉。完工的时候，宋孝宗临幸。嘉泰元年（1201），道济迁往南屏净慈寺，拜该寺第二十代住持德辉禅师为师。嘉泰四年（1204），净慈寺被大火所焚，德辉随火化而去。嘉定三年（1210），朝廷拨款，开始为期十年的重建，到嘉定十三年（1220）落成，除大殿外新建宗镜堂、罗汉堂、慧日间、毗卢阁等，规模宏大，甲于湖上，与灵隐寺同领南北两山之最。日本、朝鲜等海外僧人纷纷慕名前来。

元至元二十七年（1290），净慈禅寺又毁。此后历任住持都设法修葺，先后完成山门、选佛场、宗镜堂、千佛阁、钟楼、藏殿等建筑。顺帝后至元三年（1337），宣政院任命平山处林为净慈寺住持。对殿堂门庑、佛菩萨神像及鼓钟、芗灯、旛盖等器具都加以修饰改造，使净慈寺的面貌为之一新。元代末年，西湖周围的寺院大多被毁，而净慈寺却幸运地保存下来，但寺中的钟已被毁，南屏晚钟一景因此消失。

明洪武年间，净慈寺又毁，僧人法净重建。其时，朱元璋力倡佛教，请净慈寺高僧宗泐禅师撰写献佛文章，配以佛乐，在重大典礼时演出。洪武十一年（1378），易简主持净慈寺，为第 78 代，明太祖封其为僧录司左善世师。正统二年（1437），寺庙又毁，

图 6-18　净慈寺（摄影：孙小明）

僧人宗妙重建。成化十年（1474），净慈寺毁。弘治十三年（1500），朝廷资助寺院，净慈寺重修天王殿。万历二十年（1592），司礼监太监孙隆重新修缮净慈寺，铸造铁鼎，修葺钟楼，并在寺中构筑居然亭。当时净慈寺中还塑有济颠的像。

康熙三十八年（1699），康熙帝南巡，游览净慈寺，亲书赐额“净慈禅寺”，还题“南屏晓钟”。康熙三十九年（1700），寺门及钟楼毁，康熙四十四年（1705），康熙帝南巡，净慈寺住持赴嘉兴迎驾，奏明寺院被毁，康熙帝派太子赴净慈寺考察，令杭州江南织造局筹资修建。康熙四十六年（1707），康熙帝诏令发帑重修净慈寺，直至康熙四十九年（1710）竣工。为此，康熙帝御制《重修净慈寺碑记》，并勒石寺中。雍正六年（1728），浙江总督李卫重修净慈寺。乾隆九年（1744）奉敕重建净慈寺，“规制崇闳，大倍于昔”。乾隆十六年（1751）三月，乾隆帝带皇太后、皇后首次南巡，当时浙江官员为恭祝皇太后六十大寿，在寺中启建“万寿经坛”。此后，乾隆又5次巡幸杭州，每次都要莅临净慈寺。净慈寺借助皇上的临幸，又进入兴盛期，其壮丽可与灵隐寺媲美。咸丰十年（1860），太平军进据净慈寺，净慈寺再次毁于兵火。光绪十四年（1888），修观音殿、功德堂。光绪二十四年（1898），建天王殿、弘法堂及诸房寮，住持允中时重修济祖殿。

中华人民共和国成立后，净慈寺在1955年进行大修，寺庙更显庄严瑰丽。1983年，净慈寺被国务院确定为汉族地区佛教全国重点寺院。1984年日本佛教界捐铸铜钟，悬于山门西南之钟楼。铜钟按传统样式重铸，高3米，直径2.3米，重达10余吨，每敲一下，余音2分钟之久。钟体内外，镌铸《妙法莲华经》。1985年后，随着宗教信仰自由政策的落实，净慈寺逐步得到恢复。金刚殿（天王殿）、大雄宝殿、三圣殿、钟楼、戒堂、运木古井、照壁、放生池、莲池海会阁、永明塔院济公殿等相继建成。

六、飞来峰造像

飞来峰造像是中国汉族地区供奉藏传佛教造像最多的摩崖石刻造像群，具有极高的民族文化交流价值，在13—14世纪的中国石刻艺术史上占有不可或缺的地位。造像群始凿于五代后周广顺元年（951），反映出西湖景观在持续演变过程中，不仅受到佛教文化的极大影响，还为中国历史上的宋、元政权更替提供了独特的见证。

飞来峰，一名灵鹫峰。在灵隐寺前，界灵、竺两山之间，为灵隐寺案山，海拔168米，由石炭系石灰岩构成。东晋咸和元年(326),印度僧人慧理至杭,登飞来峰,叹息道:“此是中天竺国灵鹫山之小岭,不知何年飞来,佛在世日,多为仙灵所隐,今此亦复尔邪?”遂在其地建造灵隐寺,而命名其峰为“飞来”。清康熙三十八年(1699),康熙帝御笔摩崖“飞来峰”3个大字。此峰因地壳变动而形成与周围群山迥然不同的景貌,中空外奇,玲珑磊块,多奇岩、怪石和洞窟,说者谓其如蛟龙、奔象、伏虎、惊猿,堕者将压,翅者欲飞,有“武林第一峰”之称。林木以次生杂木林为主。峰中名胜极多,有冷泉、壑雷、春淙、翠微诸亭,以及龙泓洞、玉乳洞、青林洞、理公塔等胜景。

飞来峰造像位于飞来峰青林洞、玉乳洞和龙泓洞等天然溶洞内外以及冷泉溪沿岸的崖壁上(图 6-19)。历经五代两宋,盛于元代,明代有少量增凿。现存造像 115 龛、390 余尊和大量摩崖题刻,其中较为完整的造像有 345 尊。青林洞内后周广顺元年

图 6-19　飞来峰龙泓洞口(摄影:倪小蒙)

雕凿的“西方三圣”，为飞来峰现存有题记的造像中年代最早的一龛。宋代罗汉造像成为飞来峰数量最多的造像题材，其中大多为北宋的小罗汉，而位于沿溪崖壁南宋风格的布袋弥勒像则是飞来峰造像中最大者和代表（图 6-20）。元代造像是飞来峰造像的主体和精髓，雕凿年代有题记可查的始自至元十九年（1282），终于至元二十九年（1292）。在今存元代造像中，藏传佛教风格的造像成为飞来峰造像中最显著的特点，其内容丰富，雕刻精美，见证了中国不同地区之间佛教文化的交流（图 6-21）。

1961 年，浙江省政府公布飞来峰造像为浙江省重点文物保护单位。1977—1978 年，对部分飞来峰造像做修补。1981 年 5 月，重新公布为浙江省省级重点文物保护单位。1982 年 2 月，国务院公布飞来峰造像为全国重点文物保护单位。

图 6-20 飞来峰弥勒像（摄影：倪小蒙）

图 6-21 元代尊胜佛母龛（摄影：孙小明）

七、西湖南山造像

西湖南山造像包含慈云岭造像、烟霞洞造像和天龙寺造像。

慈云岭造像位于玉皇山慈云岭南坡，即凤凰山右翼的将台山和玉皇山之间。后晋天福七年（942），吴越国忠献王钱弘佐在慈云岭南建资延寺，并在石壁上凿龛造像，即慈云岭造像。造像整体采用圆雕的技法。主龛高 5.8 米，宽 10 米，顶部呈弧拱状，中塑“弥陀三尊”。本尊阿弥陀佛居中，左侧为观世音菩萨像，右侧为大势至菩萨像（图 6-22）。

1961 年，慈云岭造像作为五代吴越国造像中的精品，被浙江省政府公布为省级文物保护单位；2006 年 5 月，与天龙寺造像、烟霞洞造像合称为“西湖南山造像”。

烟霞洞石刻造像位于烟霞洞内，由天然岩穴刻成。石刻造像最早开始于五代后

图 6-22　慈云岭造像地藏龛（杭州西湖风景名胜区管理委员会提供）

晋开运元年（944）。相传僧弥洪结庵于洞口遇一神人，告诉他后山有圣迹。弥洪于是到后山搜寻，果然发现有一个洞，里面罗汉六尊显像石壁，如雕刻而成，深感奇异。不久，弥洪圆寂。吴越国王钱弘俶梦见僧人告诉他："我本有兄弟 18 人，现在只有 6 个，大王可以将我们聚齐。"梦醒后，钱弘俶根据梦境，访得烟霞洞有 6 罗汉，就命人补刻 12 尊，以符合其梦境。传说固不可信，但大致也透露了造像开凿的年代。

烟霞洞内原有石刻造像 32 龛，其中较大的造像有 38 尊（图 6-23）。造像明确包含三个时期的作品：正壁三世佛及四胁侍像、十八罗汉以及千官塔、孔雀明王等为五代时期最初凿造的；大小两尊释迦像、披帽佛像和弥勒像以及洞门两侧之两菩萨立像则为宋代所增造；洞外石壁之上迦叶、阿难像和财神像（民国初年就其形复改作东坡像）则为清代所添补。1961 年 4 月 15 日，烟霞洞造像被列为第一批省重点文物保护单位。"十年动乱"中，烟霞洞大部分造像被毁，只剩下 15 尊较大的造像，即 13 尊

图 6-23　烟霞洞造像（摄影：孙小明）

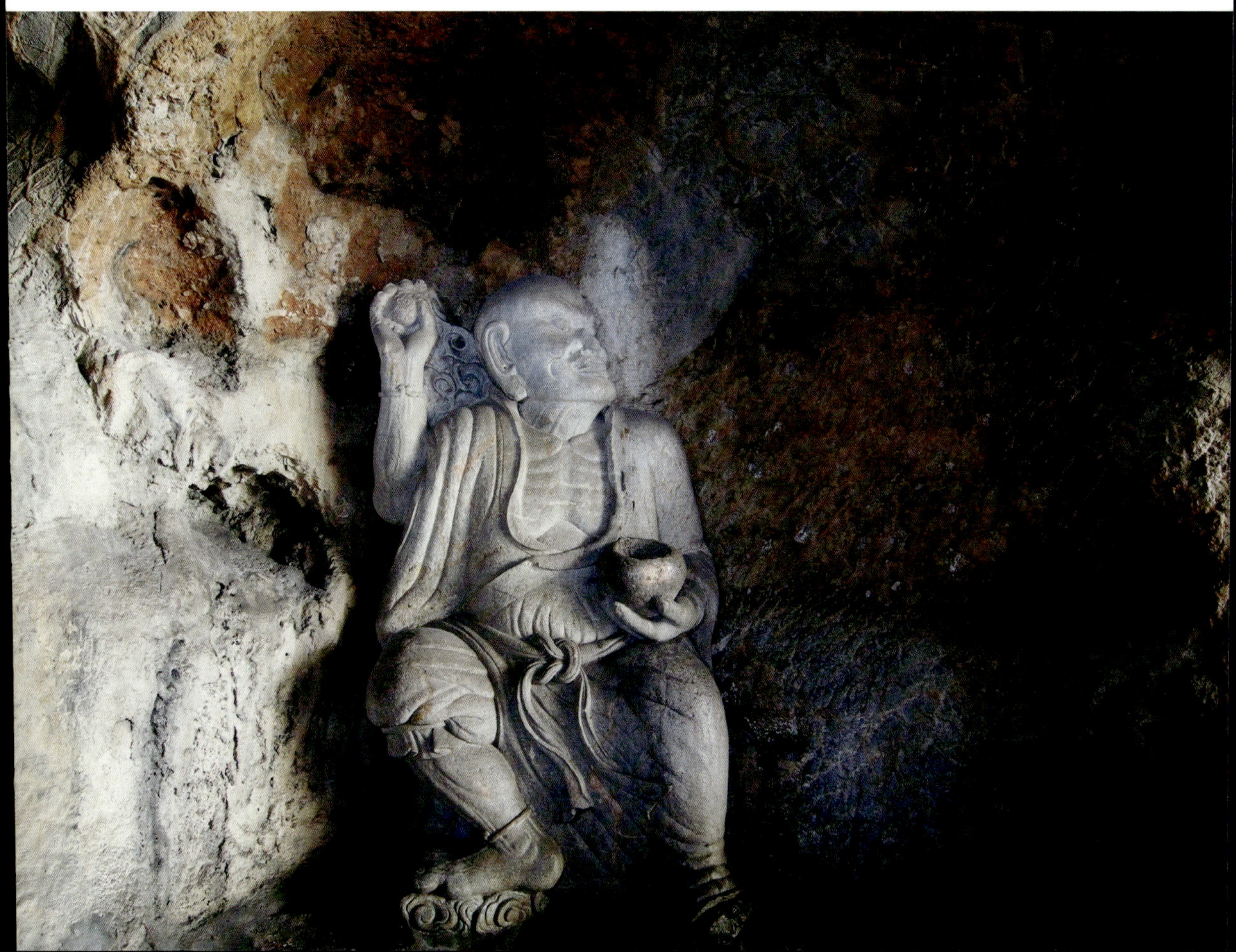

五代罗汉像及洞口的两尊北宋菩萨立像。1978—1980 年, 杭州市园林管理局根据历史照片, 陆续在像被凿平的空龛内重塑了 7 尊, 并修补部分造像（图 6-24）。

天龙寺造像位于慈云岭西南侧天龙寺后的崖壁上, 坐北面南, 背靠玉皇山。为宋乾德三年（965）, 吴越国王钱弘俶建天龙寺时所雕凿。造像存有东、中、西三龛, 大小佛像共 11 尊（包括中龛两尊飞天）。中为主龛, 以弥勒佛为主体造像, 两侧分别为无著和世亲、法花林菩萨和大妙相菩萨、金刚力士像; 东、西两龛分别是单尊水月观音像和阿弥陀佛像。中龛造像坐北朝南, 位于三组造像最高处, 中龛前台阶右侧为西龛单尊阿弥陀佛像, 两龛相距 7.70 米, 三组造像分布不规则, 都根据地形因地制宜雕刻在岩壁上。三龛造像都依山建有保护亭, 中龛以南台阶下平地建有管理房 2 间, 用于日常管理维护, 四周筑围墙, 其中中龛、西龛处于保护围墙内（图 6-25）。

图 6-24 烟霞洞造像（摄影: 倪小蒙）

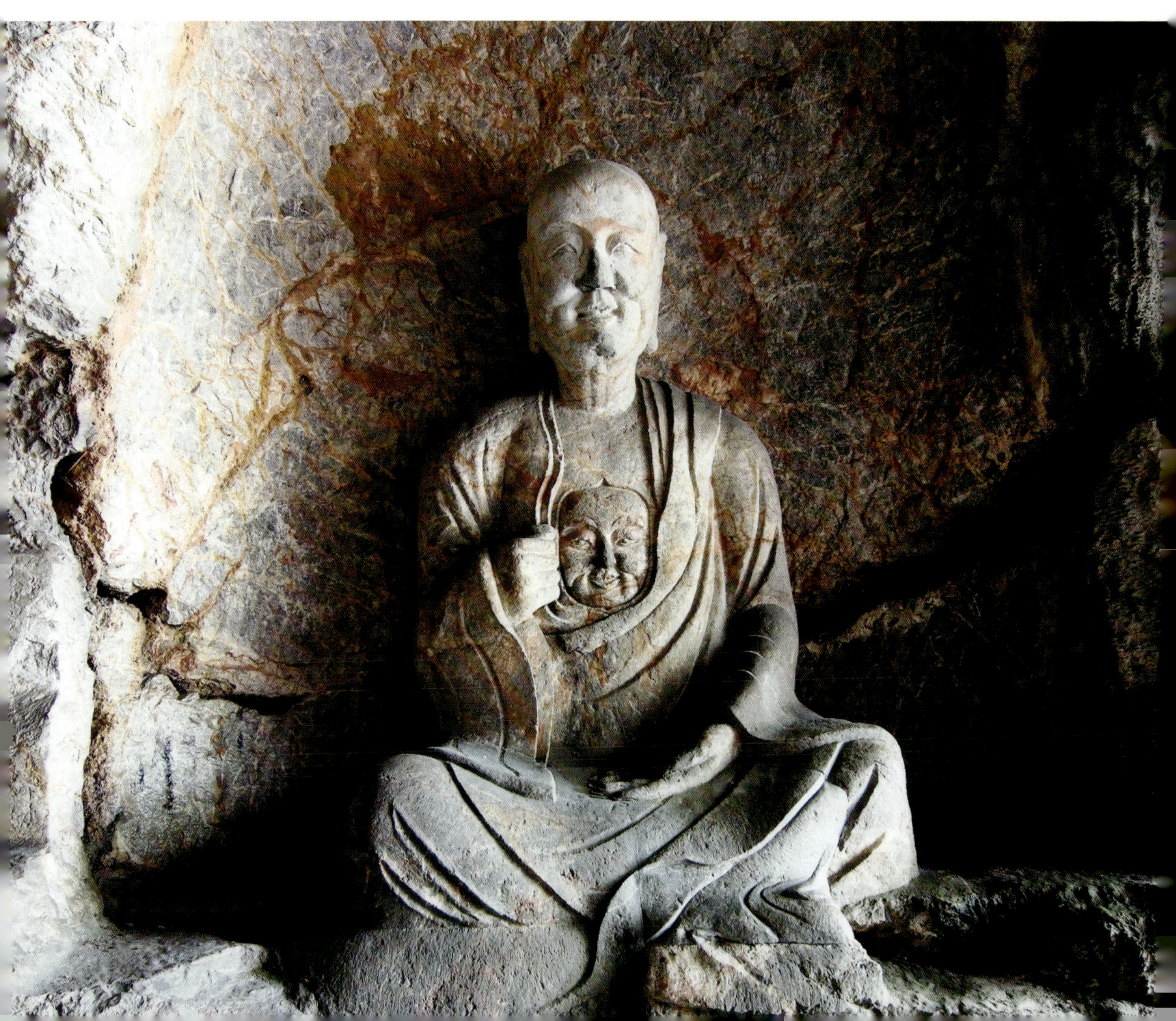

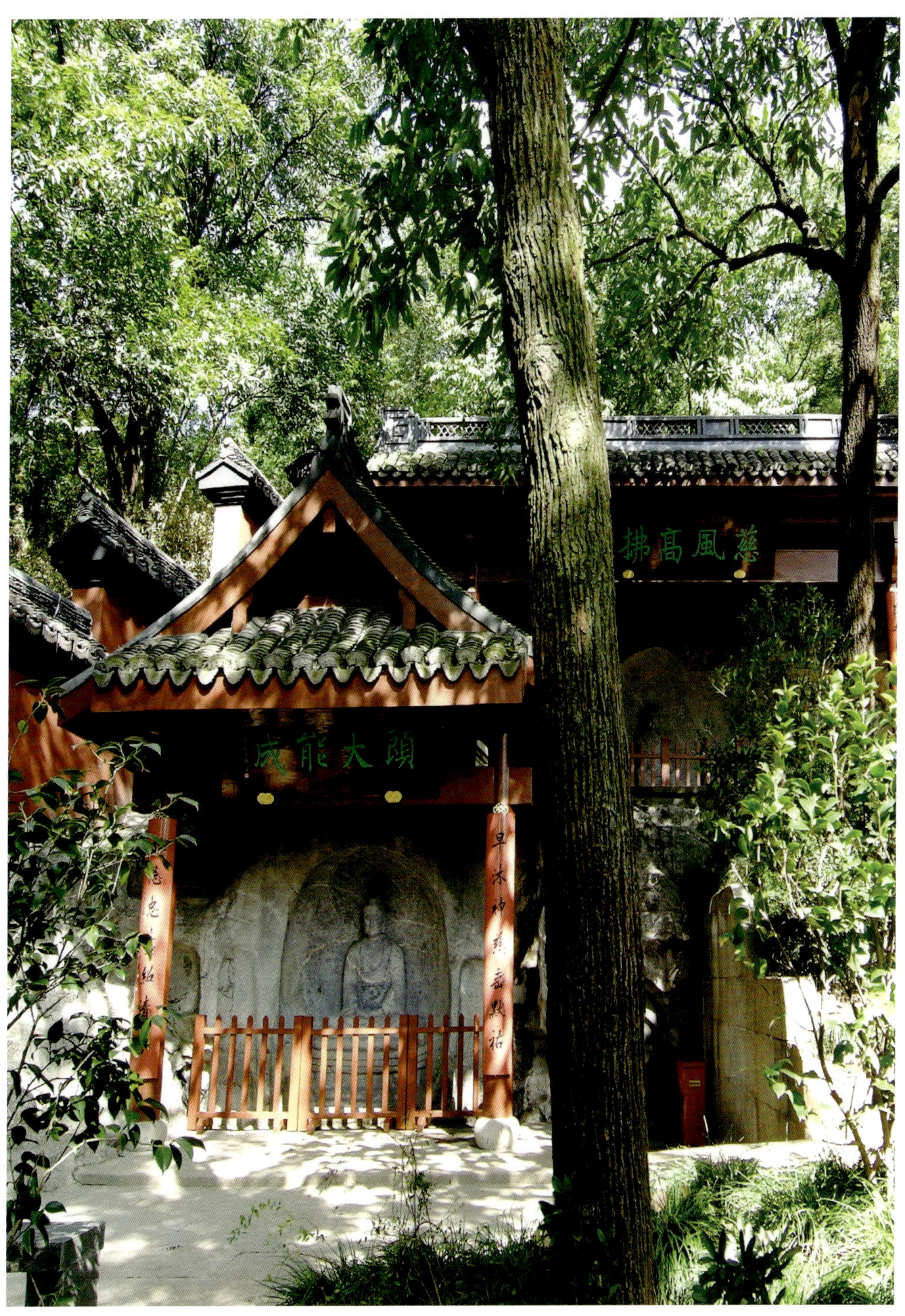

图 6-25　天龙寺造像弥勒龛（摄影：孙小明）

第三节　梅妻鹤子

一、隐逸西湖

隐逸在中国文化传统中是一种独特的生活方式或生活态度，它不仅包括不介入官场，还具有道家的畅游山水、追求人与大自然在精神层面和谐的风格，与西方文化传统上的隐士以隐居，甚至苦修的生活风格完全不同。隐逸文化在唐宋中国传统文人士大夫中拥有显著的精神影响，在绘画方面的直接产物是中国山水画，在中国传统文化中逐渐发展成为东方文化的一种特殊品质。

林逋（967—1028），字君复，谥号和靖先生，钱塘人，是中国北宋时期隐逸诗人的代表人物。他曾筑庐舍于西湖孤山，隐居二十余年，足迹不到城市。不仕不娶，日以赋诗作画，栽梅饲鹤自娱。人称“梅妻鹤子”。林逋所作的《山园咏梅》等吟咏西湖及孤山风光的诗歌广为流传。他以一生的行为呈现了一种清高自好、勿趋荣利、恬淡自在的逸世隐居生活方式，成为中国名士风范和隐逸人格精神的典范之一，赋予了西湖景观独特的隐逸文化成分。

二、舞鹤赋刻石及林逋墓

宋后的文人因景仰林逋淡然超脱的隐逸风节而在其墓冢周围遍植梅林，并立碑纪念，从而形成清雍正年间十八景之一的“梅林归鹤”，现存遗迹包括舞鹤赋刻石、林逋墓及放鹤亭等（图 6-26）。

放鹤亭为清代三开间重檐歇山顶十六柱木结构方亭，坐南朝北，面宽 8.9 米，进深 9 米，高 10.2 米，亭内悬挂清康熙三十八年（1699）御题“放鹤亭”匾额。元代至元年间儒学提举余谦为纪念林逋建梅亭，陈子安修鹤亭，后倒塌。明代嘉靖年间，钱塘县令王钍重建，称“放鹤亭”。

舞鹤赋碑由高 240 厘米、宽 75 厘米的 4 块条石组成。碑上还刻有“康熙御笔之宝”“万岁作暇”等三印。碑四边阴刻云、龙、火焰、宝珠纹饰。舞鹤赋刻石立于放鹤

图 6-26　放鹤亭内部，中为舞鹤赋刻石（摄影：孙小明）

亭中，始建于清康熙三十五年（1696），碑上刻有康熙皇帝临摹的董其昌《舞鹤赋》书法作品。《舞鹤赋》文的作者为南朝宋著名文人鲍照，该文以吟咏仙鹤优雅出众的形貌和体态特征、高下回翔的美妙舞动姿态，比喻君子超凡脱俗的风节和情怀。推崇林逋隐士风范的舞鹤赋刻石是中国传统文人士大夫追求隐逸文化传统的见证。

林逋墓位于放鹤亭西南 23 米的台地上，坐南朝北，始建于北宋（11 世纪），现

图 6-27　林和靖墓（杭州西湖风景名胜区管理委员会提供）

状为圆形墓冢，形制简朴，墓前立青石墓碑（图 6-27）。南宋绍兴十六年（1146），皇室在孤山建四圣延祥观，把孤山上的寺院和坟墓迁走，只有林逋墓得以保存，足见宋代皇家对林逋的推崇。南宋咸淳年间设墓碑，刻“和靖先生墓”。元初林逋墓遭到盗掘，据说墓中只有“端砚一枚，玉簪一枝”。元代至元年间余谦修葺林逋墓。清雍正年间官府出资修复林逋墓。

民国四年（1915），浙江都督朱瑞修复林逋墓。1950 年后，杭州市有关部门曾几次按原样加固维修，亭前平台石栏也补齐重刻。1986 年，舞鹤赋刻石被列为杭州市文物保护单位。2008 年，杭州西湖风景名胜区清理林逋墓环境并依照清代记载加盖围墙，种植梅树。

舞鹤赋刻石及林逋墓展现了隐士林逋生活环境及遗迹所在，见证了“隐逸”作为一种东方文化独特的生活方式或生活态度，11—18 世纪在东亚地区的文人阶层，特别是 16 世纪之后朝鲜半岛的儒生中影响和传播。

第四节　天下名社

一、结社孤山

篆刻是中国独特的传统艺术之一，有着悠久的历史。文人中盛行篆刻之风，出现许多篆刻名家，形成许多流派，推动中国篆刻艺术的发展。

清末中国的金石研究和发展正处于鼎盛时期，众多的金石名家有志于弘扬和发展国粹。浙派印学独树一帜后，西湖之滨逐渐成为国内金石篆刻的研究中心，名家迭起。在此基础上创办的西泠印社，是中国最早的一个研究金石篆刻的学术团体（图6-28）。

清光绪三十年（1904）夏天，浙派金石书画家叶铭、丁仁和王禔3人避暑湖上，在人倚楼小住。他们手执刀扇，在孤山之上，柏堂之后，数峰阁间，品茗论艺，研求篆刻，有创设印社之议。他们的想法得到了友人吴隐的响应，在沪上“遥通声闻，以张其

图6-28　西泠印社（摄影：孙小明）

图 6-29 柏堂匾额（摄影：孙小明）

事”。他们认为应该继承和发扬具有民族特色的传统艺术印学，于是 4 人出资买下孤山南麓 5 亩 6 分 7 厘 8 毫的土地（近 4000 平方米），作为建社地址。此处风景秀美，古迹众多，因地处西泠，鉴于“人以印集、社以地名”之义，故定名为“西泠印社”（图 6-29）。

受西湖景观审美特征与精神价值的吸引，在 20 世纪初叶，中国封建王朝败亡与社会激荡变革的背景下，全国一流的文化精英（几乎包括了全国最著名的画家、书法家、篆刻家、金石家等艺术名流）会聚西湖、在孤山上成立“西泠印社”这一中国最早的全国性印学社团，传承中国文化艺术中极为独特的篆刻技艺，并在日本、韩国产生了巨大的影响，现发展成为海内外研究金石篆刻历史最悠久、成就最高、影响最广的学术团体，有“天下第一名社”之盛誉，在中国近代文化史上具有极为突出的地位。因此，西泠印社的成立并选址于孤山，为西湖景观在中国近现代文化精英中仍然延续着的精神栖居功能提供了独特的见证。

二、沿革与发展

清光绪三十一年（1905），印社同人呈文官府，终于获得在“蒋公祠右、竹阁之北，拓地数亩，筑屋四舍”。同年春，同人捐资在数峰阁西建仰贤亭，镌印学先贤 28 人之像嵌于壁间，以示景仰。西泠印社建社之初，款项几乎都由 4 人捐助，吴隐曾 4 次捐资，金额为 4 人之最。后来社员和赞助社员也纷纷解囊。清光绪三十年（1904）以后，西泠印社的建筑陆续兴建起来，如遁庵、潜泉、还朴精庐、鉴亭和观乐楼，都是吴隐所建，鹤庐则是丁仁所建，而小盘谷堂的后代李庸将私家园林小盘谷捐给印社，印社对之进行扩建。于是，印社初具规模。但创社后 10 年左右未立社长。

民国元年（1912），西泠印社开始得到大规模扩建。该年建石交亭、山川雨露图书室、斯文奥、心心室（今已废）、宝印山房、印社藏书处（今已废）等，这些基础设施建设为印社成立大会的召开奠定基础。

民国二年（1913）秋，西泠印社隆重召开第一次代表大会，纪念建社 10 周年。大会不仅正式确立西泠印社的社名，修订《西泠印社成立启》，制定《西泠印社社约》，而且确立印社“保存金石、研究印学”的宗旨，发展社员，并公推一代书画篆刻大师、时年 70 岁的吴昌硕为第一任西泠印社社长，并开展集会、展览、收藏、出版等一系列活动。当时，不仅国内的金石书画家众望所归，就连远隔重洋的日本篆刻名家也渡海前来参加，即初期的社员河井仙郎与长尾甲。一时之间，西泠印社声名远扬。

民国二年（1913）后，西泠印社的基础建设突飞猛进（图 6-30）。次年，印社建

图 6-30　西泠印社石坊（杭州西湖风景名胜区管理委员会提供）

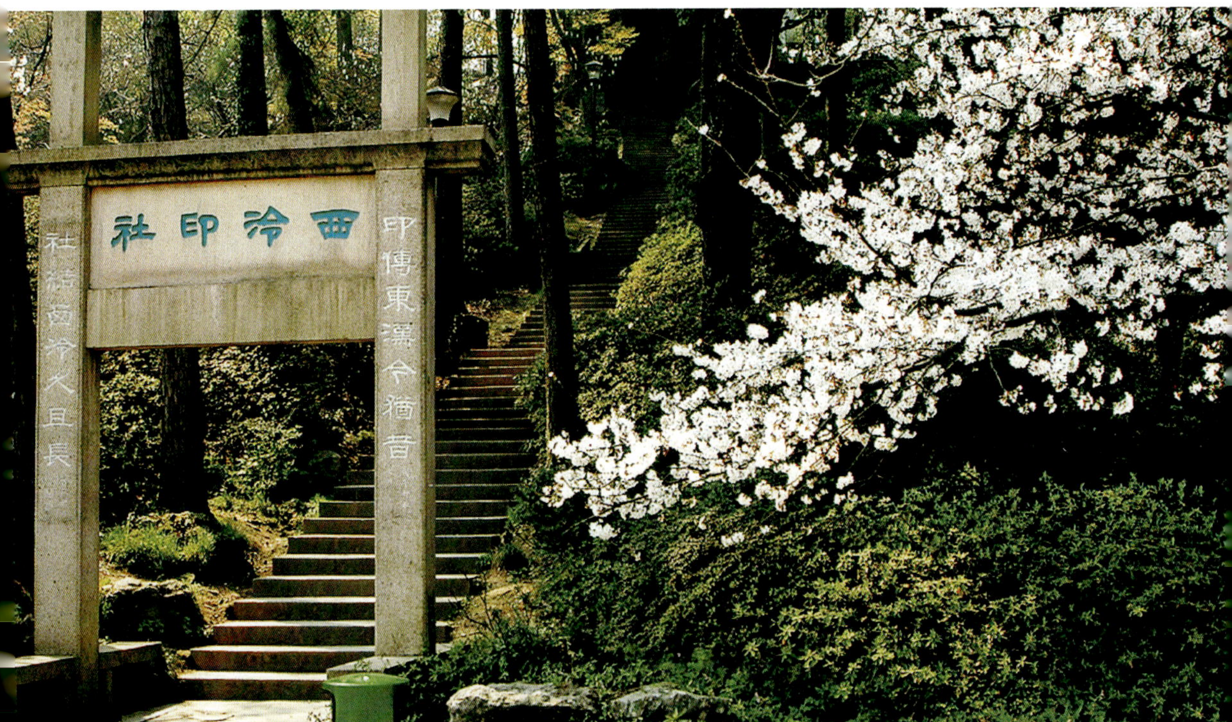

28 印人画像石，并重建四照阁，上海题襟馆书画会会友王一亭、毛子坚、吴昌硕、哈少孚等募集书画，易资兴建题襟馆与隐闲楼。民国四年（1915）建剔藓亭，该年创始人吴隐得地构屋名遁庵，崇祀其先德泰伯、仲庸、季札，吴善庆撰《崇祀泰伯记》勒于石。吴隐又在遁庵后峭壁下雇工凿石得泉，命名潜泉，并撰文勒于石记之。民国七年（1918），吴隐、吴善庆为表其先世岁青公之德行建岁青岩，并撰文记之，由吴昌硕篆书勒于岩石上。民国八年（1919），吴善庆捐资兴建鉴亭、还朴精庐、释迦佛像。民国九年（1920），吴善庆又捐资兴建观乐楼，这是西泠印社最主要的建筑之一。同年，丁仁将白堤锦带桥石栏移架在闲泉、文泉之间，又建锦带桥。

抗日战争胜利后，王禔、丁仁、叶铭等人于民国三十五年（1946）商议决定恢复西泠印社的社务工作，包括老社员的重新登记、新社员的入社、社址景观的整修和维护、印社藏品的核查、印社 40 周年庆典的筹办等，为复社做了各方面的重要准备。

1957 年，张宗祥率先提议恢复西泠印社，受到浙江省文化局领导的重视。经过多次约谈，决定由政府拨款，成立西泠印社筹备委员会，著名学者张宗祥任筹委会主任委员，潘天寿、陈伯衡为副主任委员，诸乐三、沙孟海、阮性山、韩登安 4 人为委员。1961 年，西泠印社作为历史建筑，被列为浙江省第一批文物保护单位，范围包括汉三老碑及其他造像、石刻、淳熙井围及万历柱础等。

1977 年，西泠印社重新整修孤山社址。1978 年，吴昌硕、邓石如、丁敬三座石像和后山石坊重建落成。是年，西泠印社开挖疏浚柏堂前填埋已久的小方壶，题名为莲池。1979 年 12 月，西泠印社召开成立 75 周年的社员大会，“十年动乱”过后的第一次聚会隆重而热烈，全国诸多著名学者、印学家、书画家应邀入社。大会通过了新社章，制订出五年工作计划，选举沙孟海任社长，赵朴初为名誉社长，产生第二届理事会，并进行学术报告会与王个簃捐献授奖仪式。

20 世纪 80 年代以后，西泠印社在浙江省委、省政府和杭州市委、市政府的大力支持下，各项社务工作逐渐步入正轨，学术研究、对外交流、组织建设、人才培养等方面都取得了长足进步，文化影响进一步扩大，在海内外的印学中心地位得到进一步巩固与加强。

西泠印社现占地面积 5758 平方米，建筑总面积 1749 平方米。西泠印社总体布局可分为四组建筑群，包括山前柏堂建筑群、前山山川雨露图书室—凉堂建筑群、山顶观乐楼—华严经塔建筑群、后山还朴精庐—鉴亭建筑群，内有各类题名古建筑 23 处、泉池4眼、石塔1座、经幢1处，造像4尊。社内园林精雅，景致幽绝，人文景观荟萃，摩崖题刻随处可见。社址于2001年被列为第五批全国重点文物保护单位，篆刻艺术于2006年被列入第一批国家级非物质文化遗产名录。“中国篆刻艺术”于2009年入选联合国教科文组织“人类非物质文化遗产代表作名录”。

第五节　多元融合的文化空间

除儒家忠孝文化、佛教文化、隐逸文化等之外，西湖在一千多年的发展过程中还吸附了道教文化、茶文化和藏书文化等文化门类在山水间落地生根，传衍至今，使西湖成为门类多样、内涵丰富的多元文化空间。

一、道教文化与西湖

道教是中国土生土长的宗教，是中国文化的土特产，具有独特的魅力，近两千年来对中国古代的政治、思想、学术、文化、民俗等都产生了重要影响。从西湖的宗教历史来看，道教出现的时间要略早于佛教。其文化对杭州传统文化的发展有重要的影响，可以说是与西湖同呼吸、共命运，与西湖的历史紧密相连。西湖的许多名胜古迹、民间神话传说都和道教关系密切。

三国时，葛玄曾在飞来峰玉乳洞修行，传说于东吴赤乌二年（239）“得道成仙”，人称“葛仙翁”。至晋代，西湖道教有一定的发展，留下诸多遗迹。北魏郦道元《水经注》卷四十《浙江水》在介绍杭州天竺稽留山来由时说：“昔有道士，长往不归，或因以稽留为山号。”传说著名的道士葛洪避乱杭州，在西湖南屏山、龙井、灵隐、葛岭一带活动，结庐修炼，掘井炼丹，著书立说，成为道教理论家。

在上千年的西湖道教历史中，涌现出不少知名的道观，其中，包括唐代的玉龙道院和忠清（伍公）庙，五代时的大庆观、玉虚观、报国光孝观、水府净鉴观等，北宋时

图 6-31　抱朴道院（摄影：孙小明）

的表忠观，南宋时的显应观、四圣延祥观、三茆宁寿观，元代的承天观、通玄观。中华人民共和国成立后，西湖的道观主要有葛岭抱朴道院、玉皇山福星观两处。抱朴道院（图 6-31），是最早为奉祀道家修炼仙丹妙药的著名炼丹家、东晋道教学者、医药学家葛洪在西岭葛岭的修炼史迹所建，成为西湖景观中道教文化的形象体现。

二、茶文化与西湖

西湖产茶至迟在唐代。陆羽《茶经·八之出》记："杭州，临安、於潜二县生天目山，与舒州同；钱塘生天竺、灵隐二寺。"

宋代，灵隐、天竺仍然是西湖主要产茶区，南宋《淳祐临安志》载："上天竺山后，最高处谓之白云峰，于是寺僧建堂其下，谓之白云堂。山中出茶，因谓之白云茶。"又记："下天竺岩下，石洞深窈，可通往来，名曰香林洞。慈云法师有诗'天竺出草茶，因号香林茶'。"此外，西湖北山宝云山也产茶，南宋吴自牧《梦粱录》中说："宝云茶、香林茶、白云茶，又宝严院垂云亭亦产。”由此显见，宋代西湖产茶比唐代已有诸多发展：一是茶区扩大了，从西湖之西山伸展到了北山。二是所产之茶各有其名，或曰白云、香林，或称宝云、垂云。三是品质提高了，宋《图经》云：“杭州之茶，惟此（指宝云茶）与香林、白云所产入贡，余不与焉。”西湖之茶宋代已成为朝廷贡品。四是西湖茶以“草茶”蜚声全国，这有慈云法师的诗为凭，在宋代上下崇尚经蒸碾紧压而成的团饼茶之时，不入时尚潮流的西湖“草茶”竟然入贡，这是开风气之先的。

龙井其地从开始栽培茶树到名声在外，经历了一个漫长的时期。一般都认同宋代名僧辩才为龙井茶祖，他在寿圣院期间，有诸多与赵抃、苏东坡、秦观等人品茶吟诗的佳话。直到元代，“元四家”之一的虞集与好友邓文原等游龙井，品尝了用龙井泉水烹煎的雨前龙井新茶，留下了《次邓文原游龙井》诗：“烹煎黄金芽，不取谷雨后；同来二三子，三咽不忍漱。”这是明确记述品饮龙井茶的最早文字（图 6-32）。

图 6-32　龙井问茶（杭州西湖风景名胜区管理委员会提供）

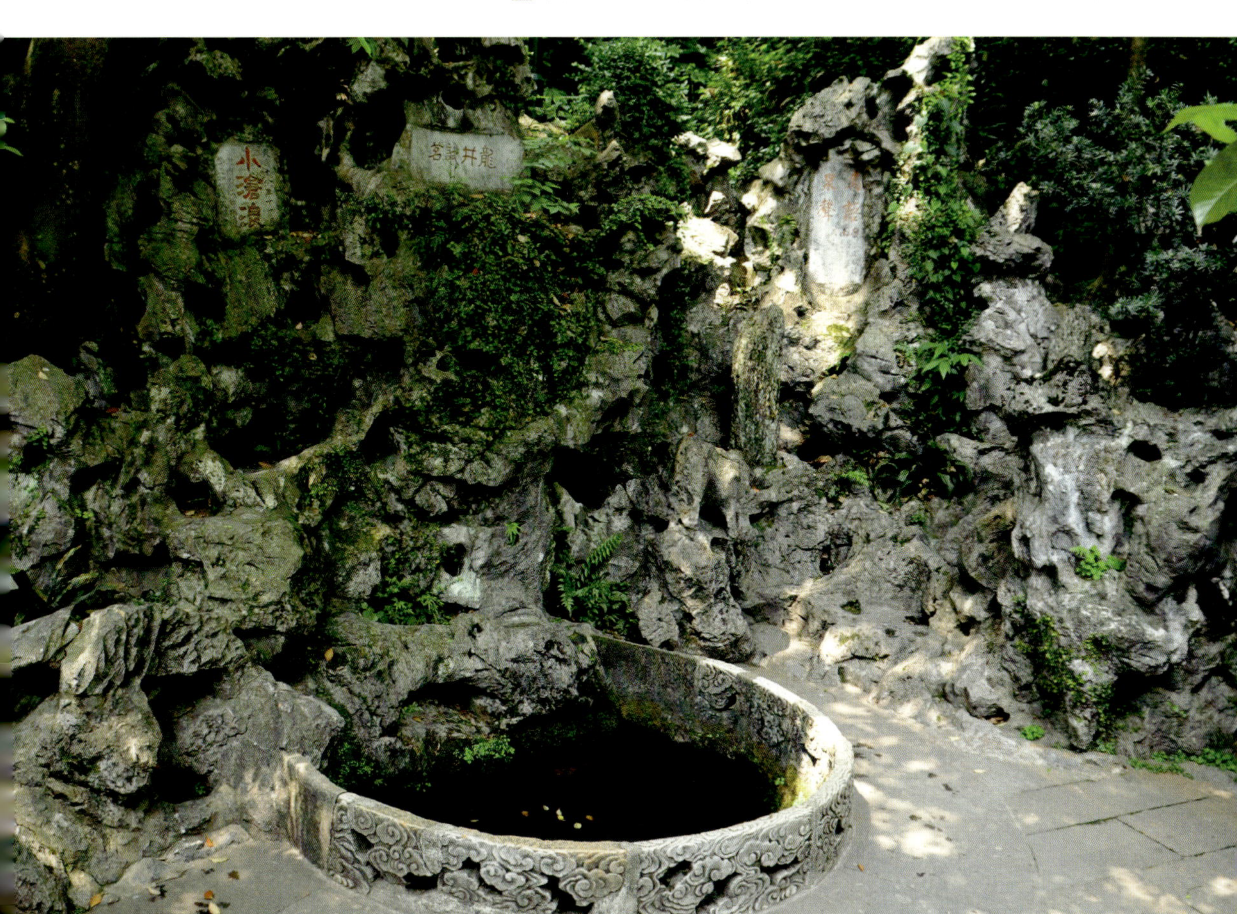

龙井茶在明代崛起，首先得益于明太祖朱元璋“罢造龙团”“叶茶上供”这一茶叶采制变革的历史机遇。明代贡茶一改宋元时上贡团饼茶的旧制，从而改变了明代朝野饮茶习惯。其次归功于龙井茶早在宋代就已经是叶茶采制法，只不过当时不入流，被称为“草茶”，但因其优异的品质早已被推荐为贡品。于是西湖龙井茶进入了一个快速发展期，从最初产地仅局限于龙井一地，茶园不过十数亩，由于求索者众，供不应求，龙井四周山民与寺僧都种起了茶树。到明万历年间，“北山西溪，俱充龙井”（高濂《遵生八笺·茶泉类》）。

清代是龙井茶的辉煌期。由于清高宗（乾隆）的厚爱，龙井茶不仅入贡，还成为朝廷对大臣的恩赐品，“杭州龙井新茶，初以采自谷雨前采者为贵，后则于清明节前采者入贡，为头纲。颁赐时，人得少许，细仅如芒，瀹之，微有香，而未能辨其味也”（徐珂《清稗类钞·饮食类》）。乾隆六次南巡到杭州，每次都临幸西湖茶区，除在龙井亲自采茶十八棵之外，还幸天竺，览乡民采茶制焙之法，留下了“火前嫩、火后老，惟有骑火品最好；西湖龙井旧擅名，适来试一观其道”的诗章。又幸云栖，御制《观采茶作歌》，有句：“云栖取近跋山路，都非吏备清跸处。”

现西湖与茶文化相关的史迹主要有：韬光烹茗井、飞来峰香林洞、晖落坞老龙井（御茶园）、大慈山虎跑泉、龙井泉、龙井寺遗址与“龙井八景”等。龙井位于西湖西南风篁岭上龙井寺内，井呈圆形，圈内径 2.4 米，井外饰云纹。井深 2.6 米，清澈见底，是极具传统文化与精神意义的中国茶文化的重要历史场所风篁岭与“龙井寺”的重要遗存。

三、藏书文化与西湖

中国历史上的藏书事业，可分为官府、私人、学校书院和佛寺道观四大体系。从这四大体系来看，西湖以寺院道观和私家藏书起源最早。南宋皇家内府、中央政府及地方政府皆例有藏书，清代又有江南三阁之一的文澜阁，至今岿然独存，阁与书皆在，影响深远。官府藏书中南宋秘书省藏书、浙江图书馆影响最大。而历代的西湖书院，同样有藏书的传统，藏书、供祭和讲学构成其“三大事业”。

位于孤山的文澜阁属于官府藏书机构，是中国历史上最著名的藏书建筑之一，所在院落是十分经典的江南古典园林（图 6-33）。清代乾隆皇帝考虑到江南是文人才子会聚之所，为了使得年轻人读书方便，特于清乾隆四十七年（1782）下令建造《四库全书》藏书楼。当年同时得以建造的扬州大观堂文汇阁、镇江金山寺文宗阁现均已不存。唯有文澜阁在历经浩劫之后获得修复，成为当年江浙三阁中仅存的一阁，并在所有保存《四库全书》的“南北七阁”中，唯一保持了书、阁共存。

图 6-33　文澜阁（摄影：周兔英）

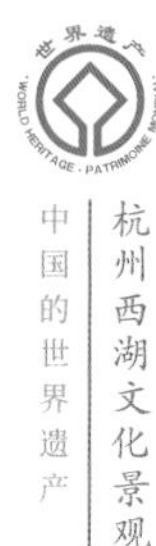

第七章　文艺西湖

西湖景观在上千年的历史中引发了总计1800万字、400余种的文学作品和2000幅以上的著名绘画作品，承载了唐、宋、元、明、清乃至近代和现代社会各阶层的情

感寄托和审美享受，在中国的绘画、诗词、戏曲、史志、笔记、散文、小说等文学艺术领域得到了充分表现。有关西湖景观的文学艺术作者，包括了9世纪以降中国历史上的众多文化艺术名家，还有不少日本与朝鲜半岛的僧侣与文化名流，其数量之大、影响之广、持续时间之久，是任何一个园林景观或文化景观所无法比拟的。这一现象充分说明了西湖景观具有积极的人与自然在精神层面的情景交融作用，是中国传统文人士大夫最经典的精神家园，承载着显著的精神寄托的栖居功能（图7-1）。

图 7-1 西湖晨雾（摄影：倪小蒙）

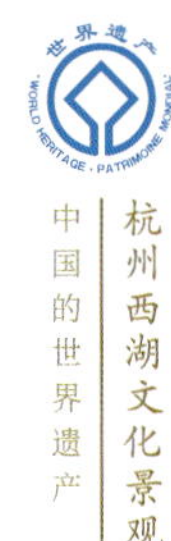

第一节　西湖文学

一、散文

西湖是文人雅士消闲的好去处。文人关于西湖的散文、游记，可谓俯拾即是。在西湖的历史上，留下数以千计的散文，内容颇为丰富，大致可分为两类：一是有关西湖重要文献史料的，如唐代白居易的《钱塘湖石记》《冷泉亭记》，宋代苏轼的《杭州乞度牒开西湖状》《申三省起请开湖六条状》等，是研究西湖治理史必不可少的重要文献。二是有关西湖的游记及碑记等，如宋代欧阳修的《有美堂记》，秦观的《龙井记》等。由于文章的作者多为著名文人，这些文章既反映各个历史时期西湖的面貌，具有历史文献的价值，同时清新可诵，具有较高的文学欣赏价值。

二、西湖诗

明末清初著名诗人施闰章为杭州籍诗人王晫的诗集作序:“地有为诗助者, 宜莫若杭之西湖。西湖当吴越之交, 山水清妙, 比户读书, 天下贤俊所毕集, 士得相唱咏为工。”他指出, 西湖的秀丽山水景致、丰富人文内涵, 使得自古及今游赏此中的文人雅士诗思泉涌, 多有吟咏, 留下大量诗歌华章。西湖是“诗助”的典范(图7-2)。

西湖诗歌始于东晋南朝, 盛于唐代, 至宋代更有关于西湖的专门诗集问世。其中, 唐人白居易和宋人林逋为西湖诗的开山者。一个是外来游宦诗人的鼻祖, 一个是最早的本土隐逸诗人, 他们以各自鲜明的个人气质, 并受时代诗风的濡染, 在西湖山水间发现并开创了两种风格迥异又殊途同归于湖山风物中的西湖诗风。白居易的诗发掘出西湖世俗的妩媚气息, 林逋的诗则深得西湖出世脱俗的禅思幽韵之心, 对后来诗人都有重要的典范意义, 并在后来的西湖诗歌中形成两大传统流派, 平分秋色, 各擅胜场, 又融

图 7-2 宝石流霞(摄影: 孙小明)

通无碍，相得益彰。西湖诗因此至元不衰，在明代经历低潮而于清代再度兴盛，至近、现代形式虽有变化而神魂不改，历久弥新。

三、西湖词

西湖词发轫于晚唐五代的诗余，即“浅斟低唱”的小令。中唐文学家白居易有3首写江南、杭州和西湖的《忆江南》词，第二首就是最早的西湖词：江南忆，最忆是杭州。山寺月中寻桂子，郡亭枕上看潮头。何日更重游？其中“山寺月中寻桂子”写的就是西湖景色。

词在宋代达到巅峰。北宋最出名的西湖词，应该是北宋初年柳永的《望海潮》。与柳永同时代的杭州本土隐逸词人潘阆，他的十首《酒泉子》（又名《忆余杭》，余杭即杭州）联章体词是宋代最早写杭州西湖自然风光的词。苏轼两次来杭州为官，一共写下30多首词，大多数词是官场酬酢和赠妓应景的游戏之作，不如他的西湖诗有许多抒发内心情感、表达人生思考的名作，但仍多有可观作品。

南宋时，特定的历史条件为西湖词营造了千载难逢的时空、契机和氛围。南宋一代君臣对词很是爱重痴迷，在当时笔记、词话中记有许多逸事。宋亡后，在乱世阴影下，以周密、王沂孙、张炎等为代表的“遗民词人”的清空雅词又渗入伤感的情绪，添了家国之思、身世之痛的浓重悲剧色彩。

词经历宋代鼎盛，发展到明代已是强弩之末。不过，西湖词有深厚底蕴，明初有元代遗民写的西湖词，仍有不少佳作，明末更出现大量明遗民写作的优秀西湖词，成为低潮中的亮点。

清代西湖词体现和清词一致的集大成倾向，在意象、意境上都体现了融会贯通西湖词前贤的面貌。厉鹗等词人承朱彝尊首创的浙西词风，复兴张扬南宋的姜（夔）、张（炎）词风，力主清空、淳雅，将之发展到极致，影响康熙、雍正、乾隆三朝百余年的词坛，对此后西湖词风影响更是极为深远。

四、西湖小说

西湖最早的小说，应推北宋苏轼笔下西湖三生石传说的《僧圆泽传》。故事里说唐代洛阳居士李源。

到南宋，有关西湖的小说更多了。明代杭州刻书家洪楩《清平山堂话本》中选载有众多的宋元时期的话本小说，其中，《西湖三塔记》出现了“白衣娘子是条白蛇”的描写，是后来民间故事《白蛇传》之人物雏形。

元、明两代，西湖小说又比过去更多。《水浒传》（又称《忠义水浒》）就与西湖有不解之缘（图7-3）。

图 7-3　武松墓（摄影：孙小明）

《水浒传》与西湖的不解之缘，在于书中有许多关于杭州与西湖的描述。如《水浒传》第114回中记杭州道："杭州城郭阔远，人烟稠密。东北旱路，南面大江，西是西湖。"接下来又记杭州城外诸多地名，诸如灵隐寺、西溪、唐家瓦等。

除《水浒传》外，明代著名小说家冯梦龙所编写的《喻世明言》《醒世恒言》《警世通言》与明代凌濛初编写的《初刻拍案惊奇》《二刻拍案惊奇》五部白话短篇小说集（简称为"三言两拍"）中也记载了众多的西湖故事。与明代一样，清代的西湖小说也较多，其中以西湖为名的小说专集就有《西湖佳话》《西湖拾遗》。此外，还有以西湖人物创作的《醉菩提全传》《雷峰塔奇传》等。

民国是西湖小说比较繁荣的时期，其中代表作有"梦花馆主"的《白蛇前传》《白蛇后传》，苏曼殊的《断鸿零雁记》《碎簪记》，郁达夫的《碧浪湖的秋夜》《迟桂花》等。

第二节　西湖艺术

一、绘画

西湖的绘画始于唐代。白居易曾请人画过一幅《西湖图》，并赋诗一首寄赠当时在都城长安的诗人张籍。

五代吴越国时，杭州作为一国首都，名家荟萃。国王钱镠便善画墨竹，其时，西湖绘画开始兴起。声名卓著、成就最高的人却数画僧贯休。他所画的十六罗汉，用笔遒劲自如，线条紧密，在造型上庞眉大目，朵颐隆准，富有艺术夸张的意味。

北宋西湖的绘画继续得到发展，其中代表人物当数大名鼎鼎的苏轼。据《龙井见闻录》记载：龙井寺里收藏有苏轼送给寺中高僧辩才的水墨罗汉八轴。南宋是西湖绘画的繁荣时期。绍兴年间，宋高宗仿宣和故事，置御前画院，后人称为绍兴画院。经宋高宗的多方经营，画院画家云集，特别是流寓四方的北宋宣和画院的绝大多数名家，如李唐、朱锐、苏汉臣、刘宗古、李从训、李安忠等，纷纷回到画院中，成为绍兴画院的中坚力量。同时，南宋画院也吸收了许多新的画家，在其存在的100多年时间里，有姓名可考的画家有近120人。南宋统治者为画院画家提供优厚的生活待遇和创作条件，使他们的才华得以施展，从而创作出一大批精美的作品（图7-4）。

元代西湖绘画虽不及宋代，但也名作不少。著名的画家有钱选、赵孟頫 、高克恭、邓文原、鲜于枢、黄公望等。

明代是西湖绘画大发展的时期，戴进、沈周、李流芳、蓝瑛、陈洪绶可谓是其中的代表。戴进继承了南宋以马远、夏珪为代表的“院体”画风，并融进时代风尚和个人风格，开创了一个以地域为派的画派，被后人推为“浙派”领袖，在当时享有很高的声誉。作品传世很多，其中就有不少描绘西湖的景色，如《浙江名胜图》《南屏雅集图》等。明代西湖许多寺庙中也多有壁画，如岳王庙中就有很多壁画，生动地反映了

图 7-4 ［南宋］刘松年《四景山水图》

岳飞的征战史实。

清代是西湖绘画的鼎盛时期。清代山水画正统派大家王时敏、王鉴、王翚、王原祁合称“四王”，加上吴历、恽格合称“清六家”，均有西湖风景画作。除正统派外，还有一批在野的著名山水画家也创作了不少西湖图画。如石涛《孤山访道图》《西泠扁舟图》，龚贤《江山夜色图》，蓝深《雷峰夕照图》《西湖游艇图》等。嘉庆、道光以后的著名山水画家如方熏、戴熙、奚冈、汤贻芬合称“山水四大家”，也均有西湖画作，戴熙有《六桥烟雨图》《湖堤烟柳图》等81幅西湖山水画，是清代西湖画作品最多的画家。

二、戏曲

西湖文化的发展历程与中国传统戏剧的发展有着极为密切的渊源。西湖是戏剧表演的最佳舞台，也是酝酿和写作许多脍炙人口的优秀作品的场所。以西湖为题材的戏剧作品历来在戏剧中占有重要位置。

南宋是西湖戏曲的兴起时期。在这一时期，一种固定的大型演艺场所、通称为“瓦子”的娱乐场所在都城临安有了进一步的发展。由于这种融娱乐市易于一体的大型综合性游艺场适应时代的需要，故逐渐从城外向城内发展，并成为居民的主要娱乐场所。据《西湖老人繁胜录·瓦市》所载，都城内外共有25个瓦子，它的范围和规模，大小并不相同，多者有50多座勾栏或乐棚、露台。其中有几所便在西湖附近。

元代，杭州继大都（今北京）之后，又成为元杂剧创作和演出的中心。关汉卿饱览杭州西湖的湖光山色和城里城外的繁荣景象，充满深情地写下了套曲[南吕·一枝花]《杭州景》。马致远[双调·湘妃怨]《和卢疏斋西湖》，通过“春风骄马五陵儿”“采莲湖上画船儿”“金卮满劝莫推辞”“人家篱落酒旗儿”4首散曲，将西湖春、夏、秋、冬四季景色一一表现于曲中，挥洒自如，妙不可言。白朴撰有《祝英台死嫁梁山伯》《苏小小月夜钱塘梦》等与西湖有关的杂剧。

明传奇是继元代杂剧之后戏剧发展史上的又一座高峰，也是西湖戏曲的又一个辉煌的时期。当时有一些知名的演员常到西湖来演出。作品从内容上主要分为三个方面：一是反映与西湖有关的历史人物故事的历史剧，如苏轼、秦观、岳飞、秦桧、贾似道等；二是反映与西湖有关的才女名妓的爱情故事剧，如苏小小、冯小青等；三是以西湖为背景或发生在西湖边的民间故事剧，如白蛇故事等。

清代西湖戏曲创作继续保持明代传奇的创作势头，并出现一个新的面貌。这个新的面貌表现在三个方面：一是以西湖为背景或以反映西湖为题材的戏剧创作继续大量涌现，其创作水平和取得的成就令人振奋，传奇《占花魁》《雷峰塔》等剧作，成为突破古典剧作才子佳人旧框框的典范而载入戏剧史册；二是西子湖畔先后出现的戏剧大家李渔、洪昇成为清代光耀中国剧坛的两颗明星，他们创作的《笠翁十种曲》《长生殿》把传奇创作推向新的高潮，在大江南北产生广泛的影响；三是随着地方戏曲的勃兴，西子湖畔戏曲演出活动出现繁盛的景象，提升西湖的人气和美誉度，吸引了大量的观众和游客（图7-5）。

图 7-5　西泠桥（摄影：孙小明）

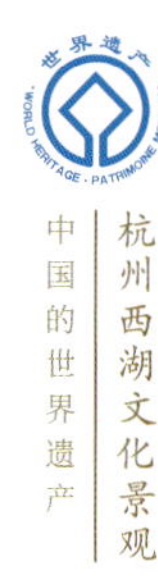

第八章　草木芳华

西湖周边温润的气候为众多植物提供了优越的生存条件，特别是桃、荷、桂、梅、柳植物，不仅形态优美，还具独特和深刻的文化象征意义，特别是随着西湖景观的

营造与历史发展，逐步形成了凸显观赏主题的特色植物景观，三秋桂子、十里荷花、六桥烟柳、九里云松、云栖竹径、灵峰探梅等，赋予西湖自然景观的独特美感。千百年来，西湖四时花事缤纷，踏春赏桃、观荷消夏、赏桂品茗、踏雪寻梅为杭人每个节令的一种韵事。每当花期来临，不仅引发诗人写下隽永诗篇、画家作出精美画作，也吸引着杭州市民纷纷出游赏花，成为延续千年，至今不衰的市民文化娱乐传统（图8-1）。

图 8-1　太子湾花海（摄影：孙小明）

一、桃花

桃花是原产于中国的传统名花，色彩鲜艳，开花量大，广为人们喜爱。在《诗经》中关于桃的记载有6处，说明早在距今3000年前的中国，桃花的美艳就已经被人们关注和赏识，并得到讴歌和赞美。

西湖的桃花往往与柳树相配，“隔株杨柳隔株桃”是西湖最具特色的植物景观（图8-2）。这种桃柳相间的植物景观，又以白堤、苏堤最具代表性。自宋代苏轼修筑苏堤，在堤上夹道种植桃花、秋芙蓉、杨柳等植物后，西湖堤岸桃柳相间的景观基调初步形成。

西湖桃花的花期一般为2月中下旬至4月上中旬。每当桃花盛开时，会产生极有层次的桃红柳绿的景观效果，吸引众多游人前来观赏。明高濂在《四时幽赏录》中，匠心独具，竟以四时不同景色、不同角度勾勒西湖湖山景色。如在“春时幽赏”中，他便列有“苏堤看桃花”。在书中，他把观赏苏堤六桥桃花妙观幽趣归纳为下面六条：晓烟初破，霞彩映红，微露轻匀，风姿潇洒，若美人初起，娇怯新妆；明月浮花，影笼香雾，色态嫣然，夜容芳润，若美人步月，风致幽闲；夕阳在山，红影花艳，酣春力倦，妩媚不胜，若美人微醉，风度羞涩；细雨湿花，粉溶红腻，鲜洁华滋，色更烟润，若美人浴罢，暖艳融酥；高烧庭燎，把酒看花，瓣影红绡，争妍弄色，若美人晚妆，容冶波俏；花事将阑，残红零落，辞条未脱，半落半留，若美人怯病，铅华稍减。

图 8-2 隔株杨柳隔株桃（摄影：闻齐家）

二、荷花

荷花别名莲花、芙蕖、芙蓉、水华、菡萏等，属睡莲科莲属，是中国栽培、观赏历史极为悠久的一种多年生草本水生花卉。在中国古代传统文化中，荷花因出淤泥而不染，寓意品格高尚，为中国十大传统名花之一。

荷花是西湖的传统植物，以它独特的观赏性为西湖增添了诗情画意。据考证，西湖及周边地区种荷、赏荷的历史非常悠久，早在距今8000—7000年的萧山跨湖桥新石器时代人类聚落遗址中曾出土有莲子的化石，而杭州城区也有荷花池头、荷花塘弄等地名。到唐代，西湖荷花种植已很多，白居易《余杭形胜》诗写道："余杭形胜四方无，州傍青山县枕湖。绕郭荷花三十里，拂城松树一千株……"宋代则有"西湖荷荡边风送，荷香馥然"的诗句。但其种植面积较唐代要小得多，这从北宋柳永《望海潮》词中的"有三秋桂子，十里荷花"到南宋谢处厚诗"谁把杭州曲子讴？荷花十里桂三秋。那知草木无情物，牵动长江万里愁"可以想见。即使如此，西湖的荷花还是非常壮观，呈现出"接天莲叶无穷碧，映日荷花别样红"的自然景观（图8-3）。

西湖观荷，以夏天之夜最为适宜。风露舒凉，清香徐细，傍花浅酌，如对美人倩笑款语。赏荷的地方很多，但其中最佳的观赏地点，当推"西湖十景"之一的"曲院风荷"

图 8-3　西湖荷花（西湖文化特使提供）

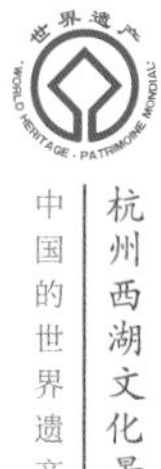

一地。据宋《咸淳临安志》等书记载，宋代洪春桥畔有一座曲院，以种植荷花著称，取金沙涧水酿酒，供宫廷饮用。每当仲夏，薰风送凉，花香四溢，被誉为“西湖十景”之一。汪元量《西湖旧梦》诗中有“十里荷花九里松”之说。

三、桂花

桂花，古名木樨，是杭州市花，分为金桂、银桂、丹桂、四季桂四个品种，其中以金桂、银桂为佳。花期一般从9月上旬开始，到11月初结束。每年中秋前后，丹桂飘香，流芳百里，成为杭州旅游观光的一大亮点。

西湖种植桂花的历史悠久，早在唐代，天竺山就大量种植桂花树。北宋钱易《南部新书》谈道:“杭州灵隐山多桂，寺僧云:‘此月中种也。’至今中秋望夜，往往子坠，寺僧亦尝拾得。而岩顶崖根后产奇花，气香而色紫，芳丽可爱，而人无知其名者。招贤寺僧取而植之，郡守白公尤爱赏，因名曰‘紫阳花’。”并给后人留下了月桂落子的美好传说。诗人宋之问有“桂子月中落，天香云外飘”的名句。

西湖沿岸均大量种植桂树，尤以满觉陇最负盛名（图8-4）。明代满觉陇一带桂树林若墉若栉，全村都以卖花为业，吸引了全国各地的客户。每年秋天，桂树花开之时，如入众香之国。满家巷赏桂花，成为当时杭州人的时尚。明人高濂将满家巷赏桂花列入西湖“秋时幽赏”之一：桂花最盛处，唯南山龙井为多，而地名满家巷者，其林若墉若栉。一村以市花为业，各省取给于此。秋时策蹇入山看花，从数里外便触清馥。入径，珠英琼树，香满空山，快赏幽深，恍入灵鹫金粟世界。就龙井汲水煮茶，更得僧厨山蔬野蔌作供，对仙友大嚼，令人五内芬馥。归携数枝，作斋头伴寝，心清神逸，虽梦中之我，尚在花境。

四、梅花

梅花，别名春梅、干枝梅等，蔷薇科李属木本植物。以香幽、色雅、韵胜、格高，位居中国十大传统名花之首。

梅在中国距今有5000年以上的历史。在中国传统文化中，梅不畏严寒、经霜傲雪、早春怒放的自然特性，象征着君子孤高傲岸、洁身自好的人格追求和高尚情操。

图 8-4 满陇桂雨（摄影：孙小明）

自古以来，人们就喜爱植梅、赏梅、咏梅，并把梅花的五瓣誉为欢乐、幸福、长寿、顺利、和平的象征。

西湖的梅花早在唐代就已闻名于世。当时吴山的伍相庙、孤山是主要的赏梅之地。至北宋，西湖以红梅为主，主要品种有福州红、潭州红、柔枝、千叶、邵武红等。梅花得到名公巨卿的赏鉴。林逋“梅妻鹤子”的佳话，随着“疏影横斜水清浅，暗香浮动月黄昏”的赏梅名句名闻天下。

孤山、灵峰，历来是西湖赏梅的两大胜地。

孤山之梅早在唐代便已知名。宋代孤山为林逋放鹤之地，林逋以爱梅著名，当时孤山又名梅花屿。“暗香疏影梅花路”指的就是通往孤山的道路。其时林逋的咏梅诗为当时名流所推崇，孤山梅花也因此名扬天下，成为当时的赏梅胜地。

灵峰历来也是西湖探梅胜地之一，这里山峦环抱，涧泉清冽，是一处幽静的赏梅之地，为人所重。明嘉靖年间，灵峰已是赏梅胜地。清道光二十三年（1843），长白人固

图 8-5 西湖冬梅（摄影：倪小蒙）

庆以杭州副都统佐统浙军，因喜爱灵峰的幽雅景致，拨资修缮灵峰寺，并环植梅树数百株，几年后蔚然成林。宣统元年（1909），吴兴儒商周庆云来到灵峰，补种梅花300株。此地遂成为赏梅佳地。每到花开时，满山谷都是粉红黛绿，簇簇团团，连绵成片。1986年，杭州市园林文物局开始重建灵峰探梅景区。灵峰探梅景点开放后，逐渐形成、完善以梅为主题的特色游览内涵，每年春节前后的灵峰探梅活动吸引越来越多的赏花人前来领略这里6000株梅花形成的一片“香雪海”，赏梅成为每年西湖旅游的第一个热潮（图8-5）。

五、垂柳

垂柳，落叶乔木，树冠伞盖形，树皮灰褐色，不规则纵裂，小枝细长下垂，叶披针形。垂柳枝柔软下垂，随风飘拂，姿态优美潇洒，自古为文人墨客所赞誉。植于河、湖

图 8-6 西湖垂柳（杭州西湖风景名胜区管理委员会提供）

岸边，小桥一侧，道路两旁或庭院中观赏，均甚适宜。

垂柳是构成西湖景观的基调植物，“西湖十景”中有“柳浪闻莺”等四个景点以垂柳为特色植物，其应用历史悠久，已延续千年之久。

唐白居易《钱塘湖春行》诗有“最爱湖东行不足，绿杨阴里白沙堤”之句，由此可以看出，当时白沙堤上除种植花草外，两旁则植以杨柳。宋时，特别是在南宋，自涌金门至钱塘门，沿城五里，洲堤遍插垂柳，故名柳洲。明孙隆增葺西湖名胜，在白堤上遍栽垂柳，以名卉错杂其间，俗呼为“十锦塘”。明代诗词对“苏堤春晓、柳浪闻莺、花港观鱼”等景点垂柳的咏叹也相当多，如明于谦《夏日忆西湖》诗中提到“涌金门外柳如烟，西子湖头水拍天”。至明末清初，西湖垂柳景观遭到严重破坏。到清康乾时期，垂柳在主要景点的应用备受重视，是一个具有历史延续性的重要景观植物。中华人民共和国成立后，相关部门在西湖景区大量补植垂柳，其中“柳浪闻莺”以垂柳为主，海棠、月季为配景；小瀛洲突出大叶柳的“柳塘清影”特色（图8-6）。

第三篇

薪火相传

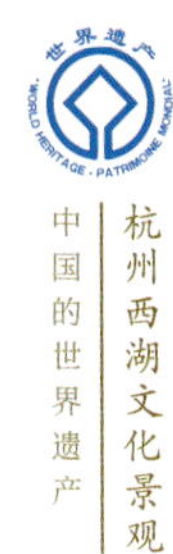

第九章　明珠焕彩

1949年，中华人民共和国成立之后，几十年中，西湖从破败走向全面复苏，这为西湖的申遗工作以及最终申遗成功奠定了坚实的基础。从这个角度看，西湖申遗成功实际是几十年、几代人为之奋斗的结果。

中华人民共和国成立之初的西湖，淤塞状况十分严重。其时，由于过去数十年中西湖周围山域植被遭到历史上少见的摧残，一经大雨，山上的泥沙便滚滚而下，大量冲入西湖之中，致使湖床填高，湖岸塌陷破败。湖水的平均深度只有0.55米，湖水浑浊不清，湖底遍生水草，大型游船只能循着航道行驶，游船过处，浊浪滚滚，稍不注意，便会搁浅。西湖群山和周边的文物古迹大多破败不堪，西湖的旅游活动几乎陷入停滞。

在中华人民共和国成立后，特别是改革开放以后，西湖的治理和保护成就突出，使其成为山清水秀、世界闻名的人文山水兼美的风景名胜区（图9-1）。

图 9-1　西湖风貌（摄影：孙小明）

杭州西湖文化景观申遗之路

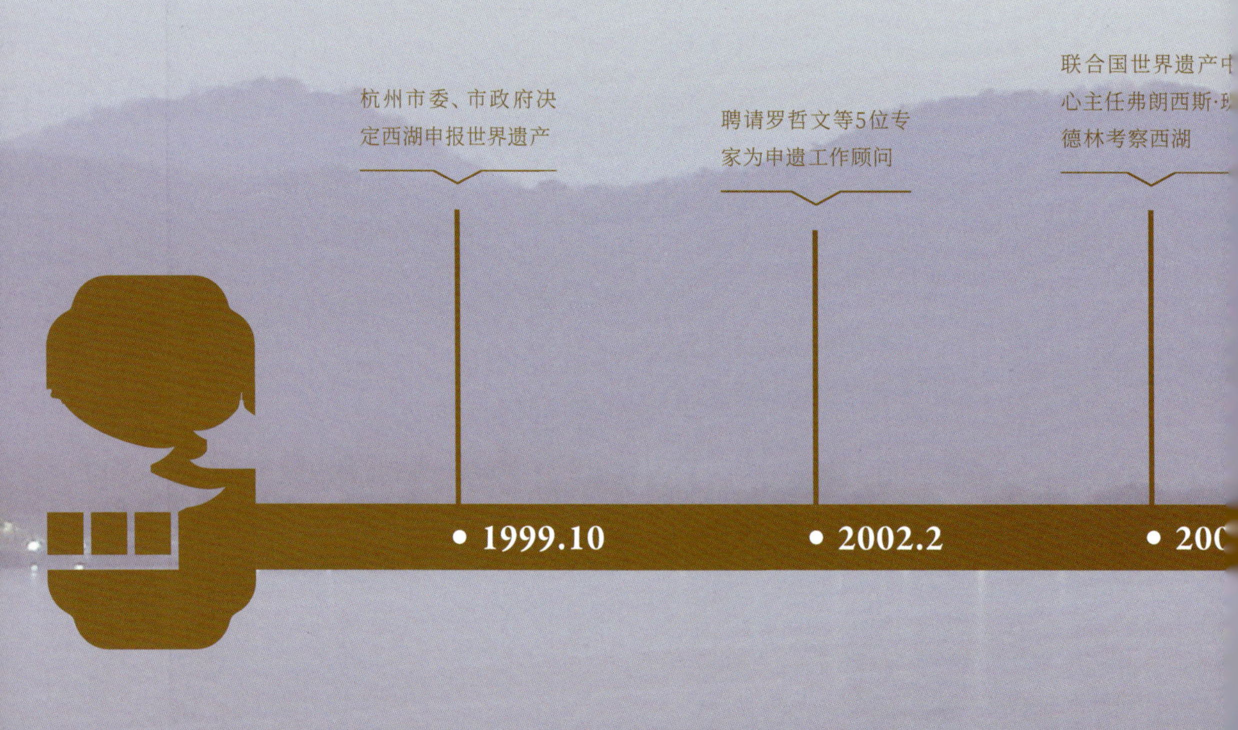

杭州市委、市政府决
定西湖申报世界遗产
1999.10
聘请罗哲文等5位专
家为申遗工作顾问
2002.2
联合国世界遗产
心主任弗朗西斯·
德林考察西湖

1952年后，为推动西湖保护与建设步入正轨，杭州市先后拟订《西湖风景建设五年规划》《西湖风景名胜区建设计划大纲》《疏浚西湖五年计划》《杭州市游览风景区道路工程五年计划》《杭州市休养区五年建设计划》等，首次提出有关西湖整治的系统工作计划。立即展开西湖水域疏浚、山林绿化造林与封山育林、文物保护等工作，西湖周边景点及古迹历经整修、改造、复建，大多得以重新焕发光彩。灵隐大殿、净慈寺、六和塔、孤山、湖心亭、刘庄、岳庙、玉皇山、苏堤、白堤、“三潭印月”等主要历史遗迹不仅恢复昔日旧貌，还增添了更多的内涵。同时还辟建了植物园、动物园等景点。由此，西湖风景名胜很快得以恢复和重振。

然而，在1957年“反右”斗争以后，在“大跃进”运动中，“左”倾错误严重地泛滥起来，使当时正遵循正常轨道运行的西湖保护和建设工作受到了很大干扰。此后的“十年动乱”，更是给西湖风景名胜区带来深重的灾难。

1979年始，“西湖十景”、岳庙、六和塔景区、净慈寺等曾被严重破坏的名胜古迹逐步得到整修、恢复和完善。白塔、保俶塔、虎跑、灵隐寺、飞来峰造像、秋瑾墓等一大批重要文物古迹的保护和维修工程也相继展开（图9-3）。

1981年9月7日，杭州市革命委员会转发《国务院办公厅转发联合调查组关于杭州西湖风景名胜区情况调查报告》，指出杭州西湖是国内外闻名的风景游览区，是我

图 9-3　杭州白塔公园（杭州西湖风景名胜区管理委员会提供）

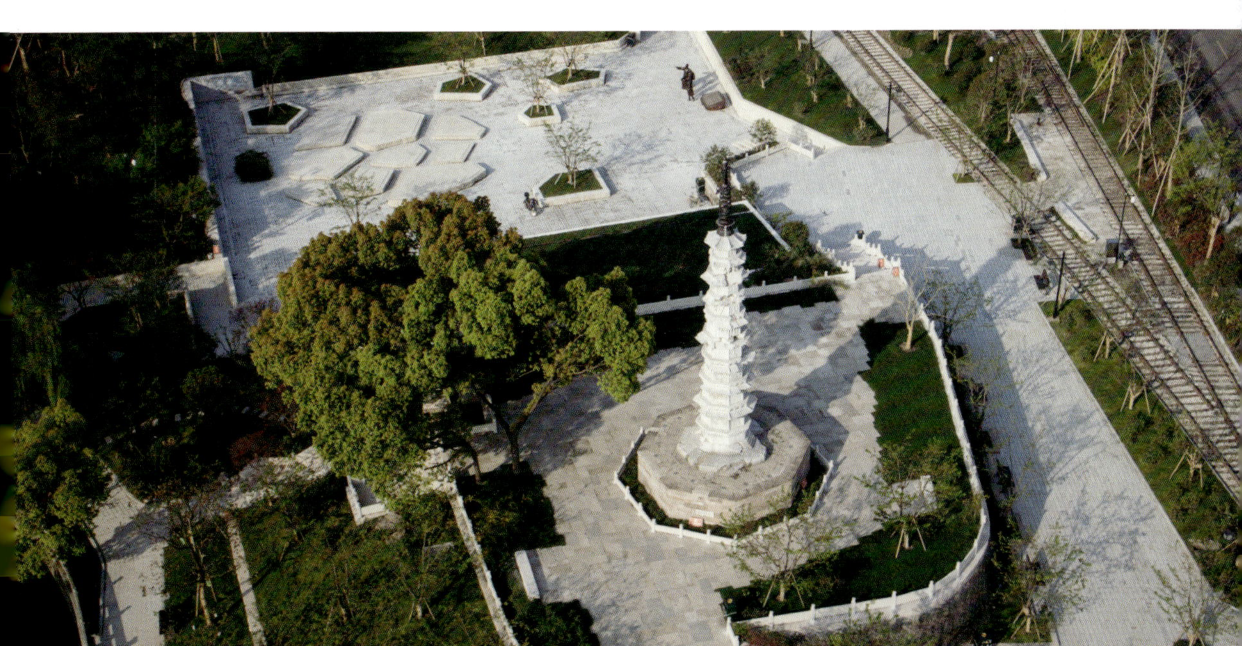

国重要的旅游资源。对侵占、毁坏西湖风景名胜区的行为要采取有力措施，坚决制止。任何单位都不准在西湖风景区内新建、扩建与风景、旅游无关的建筑物。此后，在环湖路以内相继搬迁一大批单位、民居，拆迁改建一批破旧房屋，开辟为供人游览的公园绿地，建起望湖楼、镜湖厅、玉壶问茶、太子湾、灵峰探梅、郭庄、曲院等新景点，使环湖绿树缭绕、芳草如茵。1985年，经过群众评选，选出新“西湖十景”：“云栖竹径（图9-4）、满陇桂雨、虎跑梦泉、龙井问茶、九溪烟树（图9-5）、吴山天风、阮墩环碧、黄龙吐翠、玉皇飞云、宝石流霞。”新老西湖十景共同体现了西湖自然和人文的动人魅力。

自2002年开始，杭州市委、市政府围绕“保护西湖、申报世遗”目标，坚持“积极保护”方针，连续十余年实施西湖综合保护工程，打造杭州历史上规模最大、效果

图 9-4 云栖竹径（摄影：孙小明）

图 9-5　九溪烟树（摄影：孙小明）

最好、影响最广，具有里程碑意义的一次西湖综合保护行动，使西湖的保护、建设、管理、经营、研究步入全新的发展时期。在工程实施过程中，城市管理者始终坚持“应保尽保、修旧如旧”的理念，重拾历史与文明碎片，对西湖风景名胜区内的所有生态环境、自然景观、人文景观、文物古迹、民居村落等，不惜一切代价予以保护，并将景区保护与城乡结构调整、产业转型升级相结合，与环境综合整治、交通路网改善相结合，在保护与发展之间找到一个最佳平衡点和最大“公约数”，实现生态效益、环境效益、经济效益和社会效益的最大化、最优化。历经十余年的酷暑寒冬、四千多个日夜奋战，西湖综合保护工程绘制了一部全景式、立体化、动态性展现西湖今生来世的鸿篇巨制，谱写了一首人与湖和谐相处、相伴相生、共赢共荣的恢宏史诗。随着雷峰塔和“雷峰夕照”景点于2002年10月26日竣工，中华人民共和国成立前大部分名存实亡的“西湖十景”得到全面修复。2007年以西湖综合保护为重点评选出的三评“西湖十景”，与西湖传统系列名胜如南宋“西湖十景”、元“钱塘八景”、清“增修西湖十八景”“杭州二十四景”和现代“新西湖十景”等融为一体，内有文脉流贯，外则相映生

辉，极大地丰富和充实了“西湖天下景”的意蕴，进一步完善了“东热、南旺、西幽、北雅、中靓”的西湖新格局，提升了西湖胜景的历史文化品位，使西湖无论在景观风貌上，还是在内涵情韵上，都能满足人民群众不同的游览观赏和休闲需求（图9-6、图9-7）。

2001年12月27日，杭州市委八届八次全会作出一项重要举措：还湖于民，西湖全线免费开放。打开公园围墙，取消景区门票，对西湖乃至杭州城市的发展产生积极而深远的意义。它让西湖从一个单纯的景区升华为一个全民共享的乐园，使广大市民、游客拥有了一个真正意义上的没有围墙、不收门票、完全开放的西湖，能更好地亲近西湖、感受西湖，徜徉在没有阻隔的西湖景区中，真正找到“西湖主人”的感觉。“免费西湖”不仅实现“还湖于民”“还景于民”“还绿于民”，满足国内外游客和杭州市民的旅游需求，让更多的人享受到西湖丰富的风景资源，而且成为吸引全国乃至全世界“眼球”的亮点，促进杭州旅游收入持续增长。2002年11月28日，时任浙江省省委书记习近平同志在考察“西湖西进”工程时指出，杭州的灵魂是历史文化名城，精华所在是西湖。要正确处理保护与开发建设的关系，跳出老城，建设新城，使建新城和保老城相得益彰。“西湖西进”以及整个西湖综合保护工程是一项德政善举、得民心之举，省里积极支持西湖综合保护与环境整治工程，积极支持西湖申报“世遗”。在中央、省、市关心支持下，西湖风景名胜区的保护、治理与建设工作取得显著成效。

图 9-6 三台云水（摄影：顾益民）

图 9-7　九溪十八涧（摄影：孙小明）

西湖风景名胜区内开放的游览公园、风景点达100余处，面积10余平方千米。有全国重点文物保护单位、省级文物保护单位、市级文物保护单位和文物保护点共计100余处。有浙江省博物馆、中国茶叶博物馆（图9-8）、中国丝绸博物馆、南宋官窑博物馆、中国印学博物馆、浙江西湖美术馆（图9-9）、西湖博物馆等一大批专业博物馆、美术馆、名人（故居）纪念馆。

二、奋战申遗

西湖的申遗工作，十二年磨一剑。在西湖申遗过程中，中央及浙江省领导高度重视，各领域专家学者大力支持，杭州市上下齐心协力，广大杭州市民积极参与，最终成功申遗，西湖明珠闪耀世界舞台。

（一）领导重视

关于杭州西湖申遗的讨论，在20世纪80年代就已经开始，经过长时间的酝酿，杭州市政府1999年开始正式启动西湖的申遗工作。

杭州西湖的申遗工作自始至终得到了中央和浙江省各级领导的高度重视与亲切

图 9-8 中国茶叶博物馆（摄影：陈明月）

图 9-9 浙江西湖美术馆（摄影：孙小明）

关怀，多位党和国家领导人分别对西湖申遗作出过重要批示或指示。时任全国政协副主席孙家正曾专程就西湖申遗来杭州实地考察，对申遗工作提出指导性意见。西湖申遗工作也得到了原文化部、教育部、国家文物局、浙江省文物局等中央有关部委和上级文物主管部门的指导和帮助。

（二）上下同心

自1999年西湖申遗工作正式启动以来，杭州市委、市政府把这项工作作为全市的重点工作来抓，全市上下齐心协力，严格对照世界遗产标准，认真研究申遗程序和要求，扎实打磨申遗文本，全力开展整治工程，朝着申遗成功的目标稳步前进。

一是建立申遗组织机构。为加强对西湖申遗工作的组织和领导，全面统筹推进申遗各方面工作。2007年10月，杭州成立了由市委书记、市长任组长的西湖申遗领导小组，在杭州西湖风景名胜区管委会设立了申遗领导小组办公室，办公室下设秘书组、宣传组、接待组、规划整治组，各小组明确分工，负责申遗具体工作。同时，成立了西湖申遗专家组，聘请了国内一批权威专家作为顾问，为申遗工作提供专业支撑。杭州西湖风景名胜区管委会还开辟了专门办公场地，落实了专项经费，抽调了精兵强将，引进了专门人才，全力保障申遗工作。

二是编制申遗文本。文化研究是编制申遗文本的基础性工作。为此，杭州市政府十分重视西湖文化的研究工作，为收集西湖的“生命信息”，破译西湖的“遗传密码”，2004年成立了西湖学研究院和西湖学研究会，组织专家学者全方位开展西湖文化的研究，在国内外征集西湖文献，编纂出版《西湖文献集成》《西湖全书》《西湖研究报告》《西湖通史》《西湖辞典》“五位一体”的西湖丛书，总字数达3100万字。这些研究的开展，为西湖世界遗产价值的提炼提供了有力的学术支撑。

为编写西湖申遗文本，在中国建筑设计研究院建筑历史研究所陈同滨所长的指导下，对西湖的历史沿革和现存状况等各方面进行文献、考古的综合研究，为西湖文化景观的“真实性”和“完整性”找到实证。专题研究工作围绕“西湖是中国传统美学的范例”这一课题，以多年文献研究（《西湖文献集成》和《西湖全书》的出版）为基础，开展了两个大类十二项内容的综合研究，研究资料达上千页，数十万字。

杭州西湖申遗领导小组办公室设立秘书组积极配合文本编制工作。通过各方的不懈努力，经过反复调研、论证和搜集资料，在编制过程中，就如何提炼西湖的全球普遍价值（OUV）和体现西湖文化遗产真实性、完整性等问题，进行了深入的研究和论证。尤其是对西湖的历史沿革、“西湖十景”的由来、文物古迹、现存状况等进行了文献、考古的综合研究，文本编写完成后又征求多方意见，经过了多达数十次的修改、补充和完善，最终于2010年初完成文本中英文定稿，如期提交联合国教科文组织世界遗产中心初审。文本很快就获得了初审通过，并获得高度评价。

三是制定西湖文化景观专项法规。杭州市申遗团队认真遵照和贯彻国内外遗产保护公约及国家有关法律法规，结合西湖的实际情况和特点，于2009年12月制定并颁布实施了《杭州西湖文化景观保护管理办法》，该办法修改完善经人大审议后正式升格为《杭州西湖文化景观保护管理条例》，于2012年1月颁布实施。专项法规的制定使申遗条件更加完善，有力推动了申遗工作。

四是实施西湖文化景观保护整治工程。杭州市根据有关遗产保护国际公约的要求，严格按照保持遗产真实性和完整性的原则，对反映西湖文化景观普世价值的“西湖十景”、文化遗存、周边环境三个层面进行了保护修缮和环境整治。西湖文化景观保护整治工程的圆满完成，使得西湖文化景观各组成要素的面貌得到进一步改善和优化，更符合世界遗产标准。

五是开展遗产申报区考古发掘工作。杭州市组织考古专业团队对西湖申报范围内的重要地下史迹进行了全面系统的考古发掘，并采取有效展示手段，使开化寺遗址、清行宫遗址、钱塘门遗址、“雷峰夕照”御碑亭遗址、抱朴道院遗址等一批重要史迹得以更好地保护与展示，为西湖文化景观的普世价值提供了有力实证。

六是建设西湖文化景观预警监测管理信息平台。从2008年起，杭州西湖风景名胜区管委会全面推进对西湖文化景观的监测管理工作，建设西湖文化景观预警监测管理信息平台，及时掌握西湖文化景观以及区域内各类文化遗产的发展变化，实现信息化、精细化、智能化管理。

七是加强遗产价值展示和宣传工作。杭州市实施了西湖文化景观展示中心（即西湖博物馆陈列提升完善）工程，于2009年国庆节竣工并对外开放。展示中心用丰富多样的展示手段，全面、准确、生动地诠释展示西湖遗产价值和其最具特色的方面。同时，发挥杭州新闻媒体的力量，大力加强遗产的宣传教育，利用各种宣传手段，鼓励广大群众以实际行动关心、支持和参与西湖申遗工作（图9-10）。

图 9-10　杭州西湖博物馆总馆陈列的西湖全景沙盘（杭州西湖风景名胜区管理委员会提供）

八是公众广泛参与。在西湖保护中，杭州始终坚持“还湖于民”的理念，通过实施“西湖西进”“免费开放西湖”“景中村”整治等，使普通百姓和中外游客成为西湖保护的参与者、受益者；始终坚持问情于民、问需于民、问计于民、问绩于民，切实落实人民群众的知情权、参与权、选择权、监督权，真正做到保护为人民、保护靠人民、保护成果由人民共享、保护成效让人民检验。

（三）梦圆巴黎

2011年6月24日，巴黎时间下午5:55，在联合国教科文组织总部，第35届世界遗产委员会大会执行主席戴维森·赫本敲响了手中的小锤（图9-11）。

这一锤，代表了杭州人期盼了多年的结果——西湖被列入《世界遗产名录》。锤音刚落，联合国教科文组织所有成员国代表为西湖送上了热烈的、长时间的掌声。

杭州西湖申遗成功。时任国家副主席习近平随即作出重要批示，要求“切实保护好、管理好、利用好西湖，更好地发挥西湖在展示中华文化、促进世界文化交流中的积极作用”。

图 9-11 第35届联合国教科文组织世界遗产委员会会议现场
（杭州西湖风景名胜区管理委员会提供）

西湖申遗成功，标志着杭州进入了“世遗时代”。保护西湖始终是西湖的永恒主题，是“后申遗时代”的第一位工作。杭州“坚持还湖于民、坚持保护第一、坚持从严管理、坚持传承文化、坚持生态优先”，为民族和人类保管好西湖这一世界文化遗产，为子孙后代留下这笔宝贵财富，当好历史文化遗产的“薪火传人”。

第二节　十年守护

西湖申遗成功之后，西湖的保护面临着新的形势和要求。作为世界遗产，西湖保护严格遵守《世界遗产公约》的要求，坚持可持续发展的原则，从遗产保护、生态保护、文化交流和共享发展等各个方面，努力让西湖明珠在世界舞台闪光。

一、遗产保护

世界遗产保护首要在于立法。据联合国教科文组织《保护世界文化与自然遗产公约》的规定，列入世界遗产名录的所有遗产必须有长期、充分的立法性、规范性措施，确保其存在和得到保护。按照该条约的要求，为加强西湖文化景观保护和管理，杭州市政府于2008年11月30日颁布了《杭州西湖文化景观保护管理办法》。申遗成功之后，在该办法的基础上制定效力层级更高的地方性法规势在必行。为此，杭州市人大常委会、市政府起草了《杭州西湖文化景观保护管理条例（草案）》。2012年1月1日，由市十一届人大常委会第34次会议审议通过，省十一届人大常委会第29次会议批准的《杭州西湖文化景观保护管理条例》正式实施，这意味着杭州对西湖文化景观的保护管理走上了法治轨道，也为西湖世界文化景观的保护管理提供了可靠的法治保障。

针对世界遗产保护，西湖先后编制《杭州西湖文化景观保护管理规划》《杭州西湖文化景观“西湖十景”、代表性文化史迹保护规划》《西湖风景名胜区9大景区控制性详细规划》等规划，高位搭建西湖世界遗产保护管理框架。

当今，对世界文化遗产的保护已经从以抢救为主的被动式保护转向以预防为主的主动式保护，建立科学的监测体系则是预防性保护工作的核心内容，具有非凡的现实意义。2011年7月13日，杭州西湖世界文化遗产监测管理中心（以下简称“西湖遗产监管中心”）正式挂牌成立。西湖遗产监管中心作为专门机构，大力开展世界遗产的监测工作。杭州西湖的实时监测系统范围覆盖33.23平方千米西湖文化景观遗产区，集合动态视频监控、气象因素监测、防汛抗灾监测、船舶GPS定位监测、交通视频监控、高清智能卡口监测、可视化调度监测7大功能监测，包含43个现场分控室、19个现场管理机构，确保风险第一时间发现、第一时间处理（图9-12）。

申遗成功以来，西湖景区还探索运用高科技手段开展相关专项监测和保护管理工作。例如，采用光纤光栅实时监测与传统精密变形监测相结合的方式，开展六和塔结构安全专项监测，在65个监测小棱镜、4个地面监测点和每年2次的机器人监测

图 9-12 遗产监测信息系统平台（摄影：施敏洁）

的基础上，在六和塔塔身增加133只传感器（个头小，大部分位于塔身暗层），实时监测塔身倾斜角度、裂缝变化及风速、湿温度等影响因素，不论塔身哪个部位移动了0.01毫米，均可被传感器及时监测到，这在全国古塔保护监测手段上尚属首例。例如，利用多图像三维数字化技术和大地测量技术开展飞来峰造像数字化考古调查工程，对飞来峰造像进行记录和测量，全面细致反映历史、选址、造像、修缮、现状、病害等信息，形成的考古调查报告可作为文物维修、保护、研究、展示等科学基础。西湖世界遗产地还充分依托门禁票务系统、景点实时监控系统、红外感应等技术手段开展游客量监测，"点、线、面"构建游客流量监测网络，确保实时研判游客流量趋势，实现动态管控。

申遗成功以来，遗产管理机构组织专业力量对西湖的各级文物单位进行了系统调查和评估，根据专业评估的结果，有计划实施各项文物保护工程。特别是针对世界遗产点，以项目为依托，按照真实性、完整性原则进行保护。实施了六和塔保养性维护工程、保俶塔保养维护工程（图9-13）、郭庄保养性维护工程、宝成寺提升改造工程、西湖南山造像（慈云岭、天龙寺）排水防渗工程等几十项文保工程。各项文物保护工程项目的顺利实施，有效改善了文物基本状况，提升了文物展示水平，确保了世界遗产的真实性、完整性，状况良好。

二、生态保护

山水是西湖文化景观的重要元素。西湖的水体和山体既是文化景观审美的重要对象，同是又是堤岛、建筑、观赏性植被等其他景观元素的重要载体，在西湖文化遗产的保护体系中，山水保护有着重要地位。西湖申遗成功以来，杭州西湖风景名胜区管

图 9-13 保俶塔保养维护工程
（杭州西湖风景名胜区管理委员会提供）

理委员会继续深化西湖综合保护工程，积极践行“绿水青山就是金山银山”的理念，全面开展山体和水体保护，取得丰硕成果。

自2009年起，西湖景区相继承接了国家“十一五”“十二五”水体污染控制与治理科技重大专项项目，重点实施了西湖引水和降氮两大“治水工程”，以及水生植物群落优化、湖生态修复、水生态稳态转换和流场优化等多项示范工程，实现了修复水环境生态、提升水质、优化景观的目标。

近年来，西湖总体水体质量稳定，水质全面达到国家地表水IV类水体的水质标准（不计总氮），满足景观用水的功能区要求，透明度稳定在85厘米以上。2020年国控、省控和市控监测断面的数据显示，除了季节性波动，西湖水质保持在地表水Ⅲ类（不计总氮）水质标准，部分月份监控断面优于地表水Ⅲ类水质。两个地表水省控断面的年均值100%达到或优于Ⅲ类水质。西湖在着力改善水质的同时，通过营造“水下森林”，注重水生态修复与水体景观结合，用于净化水质的水生植物为西湖景观的提升锦上添花。以水生态修复为目的的人工湿地景观在西湖周边形成较好的园林景观效果和自然群落生态效应，不仅改善了居民的生活环境，同时也拓展了西湖文化景观，给市民和游客提供了新的游览点(图9-14)。

申遗成功以来，西湖持续加强古树名木保护，对景区古树名木开展普查，景区现有古树名木776株，分属29科51属，均一一登记在册。针对山林安全，建立西湖景区管委会、管理处（街道）、景点（村社）三级森林防灭火组织体系，实行6个防火联防片单位联防联动、群防群治机制；高标准改造省级森林消防物资库，确保8个基层物资储备点和397个山林消防蓄水池、百余个山林物资储备箱随时可用；建立154人的森林消防队伍；引入公羊会、民安等民间救援队伍，推动救援直升机项目落地景区，提高各类灾害事故救援能力水平。目前，景区43.3平方千米山林连续三十多年未发生火灾。

三、文化交流

西湖世界遗产在保护管理和宣传工作中以弘扬中华民族优秀文化、增强中国文化影响力为己任，与法国、意大利维罗纳等国外世界遗产地密切交流，达成合作协议，在遗产保护和文化交流等方面开展合作，实现讲好中国故事、推动文明互鉴互融的目标。

图 9-14　西湖长桥溪水生态修复公园（摄影：翟家福）

申遗成功以来，西湖文化景观的管理部门广发英雄帖，举办了“世界遗产保护·杭州论坛”“西湖龙井茶国际高级论坛”“世界文化景观国际峰会暨国际文化景观科学委员会年会”等大型国际性学术交流活动，邀请国内外著名的遗产保护专家与学者，共商世界遗产保护大计，分享西湖保护管理经验。

杭州西湖文化景观与意大利维罗纳老城文化交流工作自2019年3月两城签订《中国杭州市与意大利维罗纳市在各自被列入联合国教科文组织世界遗产地名录的遗产地进行推广、开发和共享的友好关系协议》后启动。杭、维两城在中意文化合作机制的框架下，展开了全面对话，借助加强两国世界遗产地“结好”之机，充分展示杭州西湖世界文化遗产的魅力，推动中华传统优秀文化走向世界（图9-15）。

西湖遗产区内博物馆资源丰富，遗产管理机构以西湖博物馆总馆、中国茶叶博物馆和韩美林艺术馆等博物馆为平台，积极开展多形态国际交流，推动中华传统文化的国际传播。其中中国茶叶博物馆是杭州市首批对外交流人文体验点之一，每年有超过10万人次的海外游客到访博物馆，国外最具影响力旅游评分网站曾将中国茶叶博物馆列为杭州地区访问量和评分最高的专题类博物馆。2016年G20峰会期间，各大博物馆接待了各国国家元首夫人团、联合国副秘书长西迪贝、刚果（布）共和国宣传部秘书长、G20峰会媒体场外采访团、加拿大高贵林市市长等贵宾和领导，文博工作者以良好工作风貌宣传和展示了杭州的历史文化。

作为传播世界遗产价值和西湖文化的志愿者队伍，西湖文化特使中有大量杭州籍的在外留学生，他们把家乡的遗产文化装进行囊，走向世界各地。留学特使积极在海外高校、社区举办宣传活动，传播西湖文化，展示中国杭州城市形象。近年来，西湖文化特使在美国华盛顿、加拿大多伦多、新加坡等地开展的西湖文化宣教活动受到当地市民和学生的热烈欢迎。

四、共享发展

截至2021年，环西湖的所有公园绿地仅郭庄作为省级文保单位，因保护需要、需门票杠杆控制游人外，所有的公园绿地都免费向游客开放。西湖景区所有博物馆也开始免费开放。这不仅体现了对公众文化权利的尊重，也为杭州赢得了广泛的国际声誉。从2014年开始，杭州开展整治行动，对设在风景区、公园、古迹处等的各类会

世遗双城
佳美爱青
杭州与维罗纳
Hangzhou e Verona:
due Città con patrimoni, una passione di amore

图 9-15 杭州与维罗纳文化交流活动宣传海报（杭州西湖风景名胜区管理委员会提供）

所依法予以关停，并委托北京大学世界遗产研究中心编制了《杭州西湖风景名胜区业态提升规划》，将高档会所全部转型为文化服务场馆和大众消费场所，直接服务于普通百姓。

早在申遗时期，西湖在综合保护过程中就引入了“项目公示”机制，以此引导并激发市民的参与热情。第一是项目是否成立要公示，第二是项目实施方案要公展，第三是市民意见要反馈，第四是合理的市民意见要采纳。申遗成功以来，西湖世界遗产地重要建设项目都经过了“问计于民”的公告公示过程。此外，西湖还组建上千人的“西湖志愿者”队伍，参与者来自社会各个领域和各年龄段热心人士，有效实现了社会公众广泛参与西湖保护和遗产价值传播的良好局面。举办杭州市中小学生陶艺大赛、童画杭州名人大赛、西湖明信片设计大赛、青少年创意剪纸大赛、相约西湖、西湖文化特使、名人讲堂、西湖艺术史论坛等活动，形成广大市民共同参与文化遗产保护和文化传播的良好局面。

申遗成功以来，杭州西湖持续改善遗产区生活环境，各级政府投入大量资金用于遗产区茶村的基础设施建设、公共建筑整治，遗产区茶村的环境风貌得到极大改善和提高（图9-16）。

图 9-16　龙井村（摄影：孙小明）

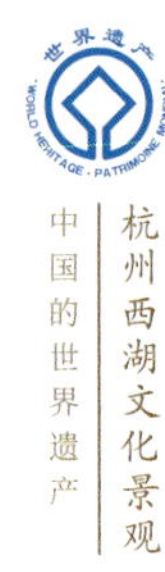

第十章　面向未来

杭州西湖文化景观，历经千年发展和积累，承载了古老灿烂的中华优秀传统文化。面向未来，如何让西湖可持续发展，如何让天堂明珠更加灿烂夺目，既是世界遗产公约赋予的国际责任，又是民族复兴赋予的时代责任和历史使命。未来的西湖保

护，要坚定文化自信，把西湖保护管理工作放在弘扬中华优秀传统文化和提高中国文化影响力的高度去理解和执行；要把西湖保护管理工作放在推动美丽中国和生态文明建设的高度去理解和执行；要把西湖保护管理工作放在以人民为中心、造福百姓、惠及民生的高度去理解和执行。以高度荣誉感、使命感和责任感，推动西湖保护管理工作迈向高水平，走向国际化，使西湖继续处于东方审美的中心位置，成为人人向往的诗和远方（图10-1）。

图 10-1　湖光山色（摄影：孙小明）

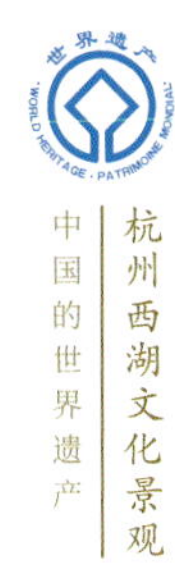

第一节　让西湖永葆青春

一、山水呵护

面向未来的世界遗产，首要在于保护，只有全方位做好保护工作，才能使西湖永葆青春（图10-2）。

自然山水是西湖文化景观的基础骨架。杭州西湖将坚定不移地把保护摆在第一位，按照“山水相融、湖城合璧、人水相亲”的理念，深入践行“绿水青山就是金山银山”的理念，全力推进水环境和原生态保护修复，全面推动形成绿色发展方式和生

活方式，努力成为践行习近平生态文明思想的重要窗口，加快打造全国生态文明建设示范区。

西湖将持续深化水域治理，加强污水处理管网建设，在西湖全域范围内完成“污水零直排区”建设，加强遗产区景中村生活污水点源治理和农业生产面源污染治理，进一步提升入湖水质。加强西湖船舶管理，减少航运污染；加大世界遗产区内地下水水源保护力度，做好地下水污染防治工作。

西湖将强化生态红线区域监管，严守生态保护红线。积极开展湖泊溪流清淤整治，推进生态疏浚底泥；重点推进实施河道、湖泊生物群落恢复，加强河湖岸线保护，规划开展引水入湖口植物过滤带建设，为水生生态系统恢复创造更优条件。加快推进西湖规模化高效降氮示范工程、三潭水环境提升、柳浪公园水系微生物和水生植物同步净化、沉水植物群落及荷区局部优化提升等项目，加快建设茅家埠水生态研

图 10-2 西湖日出（摄影：孙小明）

究中心；利用反硝化生物滤池技术，削减西湖总氮负荷，提升西湖配水水质。

西湖还将重点开展西湖群山植物多样性调研，推动西湖植物文化与教育科普活动系统提升。逐步推进山林和林带植被梳理，提升林地山体生态涵养能力，优化季相景观；进一步优化和完善水下森林景观。

二、文物保护

文物古迹是西湖文化景观的核心构成。杭州西湖要坚持依法保护，始终把文物保护放在第一位，健全杭州西湖文化景观保护的法律制度、执法机制，落实主体责任，确保西湖世界遗产的安全。

西湖将按照预防性保护的原则，持续推进西湖世界文化遗产监测体系推广应用，及时预判文物可能存在的问题。加强监测数据深度挖掘与智慧化应用，基于西湖世界文化遗产六大要素及本体监测要求，整合各业务部门数据，积极搭建符合国家文物局、联合国教科文组织监测报告框架的三维监测管理场景应用。

西湖利用遗产数据智能监测、三维高清图像采集等数字化手段，全方位监测保护西湖世界遗产、摩崖石刻、文保建筑等，全面推进遗产监测、保护、管理、研究深度融合，促进文物保护数字化。积极利用数字化测绘手段，开展历史建筑数字虚拟建模，为文化遗产建筑维护管理赋能。利用物联网等新技术加强文物保护基础设施建设，强化文物安全防范设施，提高文物安全防范能力。

第二节　让世界遗产活起来

一、文化传播

我们将持续深化“西湖东方文化精神家园”研究利用。深入开展“西湖东方文化精神家园”与世界其他文化共性研究，深化对外文化联系、交流与合作，持续增强文化自信；深挖和弘扬爱国主义等人文精神，加强爱国主义教育基地和第二课堂建设。全力推进西湖文化景观世界遗产元素保护利用，利用三维激光扫描、AI算法等新技术手段，提高文物古迹、文化遗产保护水平，稳步推进“双峰插云”景观恢复工程，加强非物质文化遗产保护传承。突出“精神家园”理念阐释和展示，推动现有博物馆和文化陈设资源整合、改造和提升，加快形成独特完备的“西湖东方文化精神家园”展览展示体系。

二、文旅融合

我们将做强西湖文旅品牌，盘活西湖传统优秀文化IP，打造高质量文旅项目，深度推进文旅融合发展。深化西湖三岛、灵隐飞来峰历代石刻造像等文化遗产研究利用，加快推出一批具有民族性、原创性、区域性的文创产品，持续提升和打响西湖红色、廉政、英雄、爱国、名人故居、摩崖石刻、唐诗宋词、楹联匾额、遗产要素、研学走读“十大经典游线”品牌。深入开展西湖传统文化活动，激活茶艺、花艺等传统文化，加快实现地域本土元素现代化演绎、国际化展示。重点推进文化场馆数字化、智能化改造步伐，以“活化”“数字化”“跨界”“融合”“一体化”为目标，提升杭州西湖博物馆总馆影响力，创新公众参与手段，最大限度延伸实体博物馆在网络世界的应用功能。

三、人民至上

西湖将坚持“以人民为中心”，始终关心遗产区居民利益，聚焦补短板、强弱项、提质量，加快推进新时代美丽乡村建设，深入推进世界遗产景中村整治，持续改善村庄环境面貌，提升居民生产生活便捷度和舒适度，加快实现景中村与名胜区景观风貌一体化发展。依托中国茶叶博物馆、中国国际茶叶博览会会展中心等核心平台载体，推动周边龙井茶园和村落联动提升发展，加快形成集茶园风光观赏、茶叶交易集散、茶文化体验、茶乡民俗体验、文创艺术集聚、养生健身休闲等功能于一体的茶文化产业发展空间（图10-3）。

图 10-3 梅坞春早（摄影：孙小明）

参考文献

1.杭州市园林文物管理局.西湖风景园林（1949—1989）[M].上海：上海科学技术出版社，1990.

2.杭州市园林文物管理局.西湖志[M].上海：上海古籍出版社，1995.

3.北京大学世界遗产研究中心.世界遗产相关文件选编[M].北京：北京大学出版社，2004.

4.王国平.西湖文献集成[M].杭州:杭州出版社,2004.

5.中华人民共和国国家文物局.杭州西湖文化景观[M].杭州：中华人民共和国国家文物局，2011.

6.杭州西湖世界文化遗产监测管理中心,杭州市城市规划设计研究院.传承与共生：中国世界文化遗产与社区发展研究[M].北京：文物出版社，2014.

7.国家文物局，中国古迹遗址保护协会.中国世界文化遗产30年[M].北京：科学出版社，2016.

8.《浙江通志》编纂委员会.浙江通志：第九十九卷西湖专志[M].杭州：浙江人民出版社，2020.

附录 申遗大事记

◉ 1999年10月，杭州市委、市政府决定西湖申报世界遗产，具体工作由市园文局负责落实，市园文局成立西湖申报世界遗产工作领导小组。

◉ 2002年2月，杭州市园文局聘请罗哲文等5位专家为杭州西湖申报世界遗产工作顾问。

◉ 2002年9月，杭州调整西湖风景名胜区管理体制，并开始实施西湖综合保护工程。

◉ 2004年6月，联合国世界遗产中心主任弗朗西斯•班德林对西湖风景区进行了初步考察，对西湖悠久的历史、丰富的自然景观和深厚的人文积淀给予了高度评价，十分赞赏杭州市在西湖的保护管理方面所作出的努力。

◉ 2006年，杭州西湖再次被列入中国政府申报世界文化遗产的预备名录。

◉ 2007年10月，杭州成立由市委书记、市长任组长的申遗领导小组，并在西湖风景名胜区管委会设立了申遗领导小组办公室，负责申遗具体工作。

◉ 2007年底，杭州市委托中国建筑研究院建筑历史研究所承担西湖申遗文本及相关保护管理规划纲要编制工作。同时着手开展专项法规制订、考古发掘、保护整治、展示中心建设、解说标识系统建设、预警监测信息管理平台建设、宣传等一系列工作。

◉ 2008年7—8月，西湖申遗团队完成申报文本和规划纲要初稿，完成主要规划图纸的编制；文本初稿提交翻译。

◉ 2008年8月，经浙江省人民政府致函提请，西湖作为2010年正式申报项目由国家文物局报中国联合国教科文组织全国委员会核准。

◉ 2008年10月至2009年1月，申遗团队开展申报文本（含翻译）和规划纲要（含相关图纸）专家论证和修改完善工作；形成定稿后提交上级有关部门审核。

◉ 2009年2月，中国联合国教科文组织全国委员会向联合国教科文组织世界遗产中心递交西湖申遗文本及规划纲要。

◉ 2009年5—12月，按照世界遗产中心的要求，申遗团队对文本及规划纲要做进一步修改补充和完善。同时推进法规制订、保护整治等相关工作。

◉ 2009年10月，西湖文化景观展示中心建设（西湖博物馆提升完善工程）完成并对外开放。

◉ 2009年12月，《杭州西湖文化景观保护管理办法》由杭州市人民政府正式颁布实施。

◉ 2010年2月，中国再次向联合国教科文组织世界遗产中心递交申遗文本及规划纲要进行初审，获得通过。

◉ 2010年6月，西湖完成所有整治和整改项目；完成解说标识系统建设，预警监测信息管理平台（含档案资料收集）建设取得阶段性成果。

◉ 2010年9月下旬，国际古迹遗址理事会（ICOMOS）委派专家——韩国首尔国立大学教授朴素贤到杭州对西湖申报项目进行实地评估考察。

◉ 2010年10月至2011年2月，对专家考察后提出的问题进行资料补充和整改；在规划纲要基础上完成《杭州西湖文化景观保护规划》的编制。

◉ 2011年5月，世界遗产中心公布国际古迹遗址理事会对西湖申报项目的评估意见；《杭州西湖文化景观保护规划》通过国家文物局审核。

◉ 2011年6月24日，第35届世界遗产委员会大会对西湖申报项目进行审议表决，确定列入《世界遗产名录》。

关键词索引

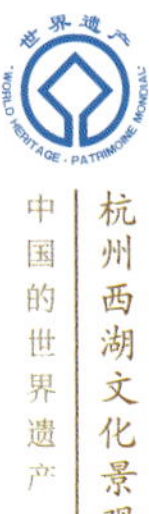

项目统筹:孙　涵　朱　江
责任编辑:王　委
特约编辑:曹昌虹
设计指导:王　刚
装帧设计:丁祥馗　王　硕　李言伟
责任审校:刘越难　金学勇

图书在版编目(CIP)数据

杭州西湖文化景观 / 杭州西湖风景名胜区管理委员会 编著. — 北京 : 人民出版社 , 2024
(中国的世界遗产)
ISBN 978-7-01-026478-3

Ⅰ. ①杭… Ⅱ. ①杭… Ⅲ. ①西湖－人文景观－介绍
Ⅳ. ①F592.755.1

中国国家版本馆 CIP 数据核字 (2024) 第 070982号

杭州西湖文化景观

HANGZHOU XIHU WENHUA JINGGUAN

杭州西湖风景名胜区管理委员会 编著

人民出版社 出版发行

(100706　北京市东城区隆福寺街 99 号)

北京启航东方印刷有限公司印刷　新华书店经销

2024 年 6 月第 1 版　2024 年 6 月北京第 1 次印刷

开本: 787 毫米 × 1092 毫米　1/16　印张: 15.25

字数: 204 千字

ISBN 978-7-01-026478-3　定价: 109.00 元

邮购地址 100010　北京市东城区朝阳门内大街 166 号

人民东方发行中心　电话 (010) 85924663　85924644　85924641